许海峰 著

世纪之交的上海表情

Shanghai Expressions

at the Turn of the Century

同济大学出版社·上海
TONGJI UNIVERSITY PRESS · SHANGHAI

Foreword
序

许海峰曾在一次访谈中提到,他带着照相机游走、拍摄上海三十多年,最初还是从拍摄城市景观这一对象开始的。20世纪90年代初,从摄影专业毕业的他开始在上海市政工程研究院负责工程现场的摄影记录,当时的上海在"一年一个样,三年大变样"的口号下,城市建设进入快速发展时期,他也有机会在最前线见证许多第一现场。但显然,很快他就不再满足于工作所要求的专注于工程细节的视角。可能是因为美院生对于空间变化特别敏感的视觉意识,而更重要的也许应该是一种作为本地人对自己生存环境剧烈变化的本能反应,他开始从更广的视角,以风景照片的形式,拍摄了一系列城市空间在新旧交替过程中的场景。

从南京路和淮海路的改造、大量旧社区的拆除,到地铁和高架路的建设,他的这些照片已经成为今天用来重新审视和评价世纪之交上海的城市改造的重要视觉文献。与此同时,照片中的建与拆、新与旧、破败与鲜亮、今天与未来等强烈的对比,也可以说是对于过去30年上海城市更新直接而生动的视觉表征;而这些外在的空间层面的奇观同时又透露着憧憬、诧异、激动、焦虑、疑惑等内在的社会心理感受。2003年,顾铮以这些照片为基础策划了展览"废墟的美学",让它们第一次有了较为完整的呈现,并从社会学和城市研究的角度挖掘和讨论了这些城市景观变化背后所暗含的空间生产机制。许海峰的这些照片也是对顾铮后来所写的文章《当代摄影的"空间转向"》的印证和补充。根据文章所提及的案例,20世纪90年代只有北京的徐勇在拍摄胡同的消亡;就上海而言,朱锋的"上海零度"、鸟头的"新村"、朱浩的"上海默片"和郑知渊的"大城"都要到10年之后才纷纷面世。

20世纪90年代初走上摄影之路的许海峰和世纪之交这20年的上海大概有一种注定的缘分。以20多岁的年纪,在大拆大建的城市,街头的各色人物、各种潮流,琳琅满目的广告商品之间,当时的他既热情投身于这个城市各种新鲜的生活方式,又保持着摄影者与被摄对象应有的距离。20世纪90年代末,许海峰转行做了记者,同时受到卡蒂埃·布勒松、陆元敏、雍和等大师或前辈的影响,他不再局限于从全景式的、审视空间所需要的稍微退远一点的视点来观察城市,而是转身走入了活蹦乱跳的街头生活的内部,零距离捕捉身边的社会生活场景。

许海峰在世纪之交前后近20年所拍摄的上海社会生活的照片约3780卷,其中黑白照片1850卷,本书所能呈现的只是其中极小一部分,并偏重街头人物形象的抓拍。他拍摄的照片中的人物都只是无名的市民或旅游者,但是他们的衣着、周围的环境,甚至他们的表情和姿态却无不透露着强烈的时代信息。他画面中经常会出现的有披着大波浪或者梳着三七开头式的男男女女，看似颇为时尚、充满自信的戴着太阳眼镜的路人，还有穿着整套西装和风衣、拎着大哥大和考克箱的所谓成功的商界人士，当然还有路边的广告牌和海报、流行于当时的各种交通工具及街头似乎永远川流不息的人群。

许海峰无意用照片来讲故事，画面里大多没有特别的事件发生，他留给我们的往往只有一个或一群人凝固的姿态和表情。不过，这些姿态和表情生动而自然，有的还充满张力，被摄者往往正处于某种情绪的顶点。摄影者好像将他们从背后嘈杂的世界中拉了出来，他们突然脱身的瞬间成就了一幕幕日常生活的剧照。这样的手法也让观者有了充足的想象空间，当我们面对这些青春或衰老、自信或落寞、潇洒或困顿的面孔时，会不自觉地去猜测隐藏在这些外表、表情和姿态背后的现实生活里的各种春风得意、平淡日常，或者艰难营生。这些作品充分反映出街头摄影的一些经典特征，比如片段的、偶然的、指向模糊的、多义的、拼贴的、超现实的，这些特征也无不呼应着都市所特有的生活感受。正所谓"摄影是都市的媒介"，而"都市，也因为摄影而存在"（顾铮）。这些人物看上去如此的普通又特别，就好像这个城市既熟悉又陌生。

尽管都市摄影有着上述一些共同的特点，但许海峰照片里的街头很容易让我们辨识出那就是世纪之交的上海。这不仅因为前面已经提及的照片中带有时代特征的元素，更是因为这些照片中的场景和人物所散发出的某种独特的时代气息。20世纪90年代初期的上海随着全国改革开放步伐加快，也进入了二次启动的阶段。浦东开发，浦西改造，市场经济全面推进金融和房地产市场、民营资本进一步开放，双轨制让一些人获得大量财富。继诗人和哲学家之后，巴菲特和比尔·盖茨成了新的崇拜对象。金融、IT、管理、厚黑学的书籍畅销不衰，财富成了衡量人的价值最直接的标准。农村和其他城市的人源源不断涌入上海，空气里弥漫着的财富的气味和繁荣的想象。

但是20世纪90年代的重启同时也是一种断裂，不仅仅是和20世纪80年代的断裂，也是和过去种种传统的断裂。大卫·哈维将19世纪中期巴黎翻天覆地的变化过程称为一种"创造性的破坏"，它是一种"与过去决裂的现代性"，是现代性神话的一种表现。他说这种现代性"采取与过去完全一刀两断的态度。而这种态度就如同一道命令，它将世界视为石板，并且在完全不指涉过去的状况下，将新事物铭刻在上面——如果在铭刻的过程中，发现有过去横亘其间，便将过去的一切予以抹灭"。这样一种开放和断裂的社会环境，一方面，极大地促进了各种新的社会生活和生产场景的出现，人们似乎也突然变得无拘无束，展示出多姿多彩的气象；另一方面，也在社会的内部积累着各种张力、矛盾和冲突。而这种开放和紧张也正是弥漫在许海峰照片里的主要气氛。

顾铮在《中国当代摄影景观1980—2020》中写道，改革开放之后的城市街头"充当了公共空间，同时成为展示逐渐被唤醒的人性的舞台"，它也"激活了对于摄影表现可能性的想象"。而许海峰照片里的街头也表现出这么一种人性自在的流露和张扬，换个角度来看，也可以说是当某种结构断裂之后人性的喷薄而出，泥沙俱下。这些街头既是极端丰富的人物和社会形态的呈现，又是一个包含着热情、善良、自律、温和，以及冷漠、贪婪、自大、虚伪等种种善恶人性的修罗场。更进一步来看，这或者也可以说是一个群体在经历了激烈的社会转型之后，所产生的文化震颤的体验：一群分裂而独立的个体，各自体验着孤独、思乡、疑惑、敌意，或试图寻求依赖；他们不得不为了各自的命运在人群中以适者生存的方式挣扎求生，并只有等待时间来帮助他们完成最终的修复。在之前的聊天中，许海峰多次提到奥古斯特·桑德的"我们时代的面孔"，赞不绝口、喜爱有加。尽管他这一系列人物作品并没有采取桑德的那种拍摄手法，却也是活生生的"20世纪末的表情"。

施瀚涛
独立策展人

In an evocative reflection during the interview, Xu Haifeng unfolded his thirty-year narrative with a camera in hand, navigating and encapsulating Shanghai's transformative landscape. His journey commenced with a focus on the city's architectural silhouettes.

After graduating in the early 1990s from a photography program, Xu found his initial calling at the Shanghai Municipal Engineering Research Institute, where was tasked with taking photos of construction sites. This was a period when Shanghai, under the ambitious banner of "A new look every year, a major change every three years," embarked on a vigorous overhaul of its urban arteries and dwellings.

Xu stood at the vanguard of this transformative wave, bearing a witness to the metamorphosis from ground zero. Yet, the confines of his occupational gaze, which dwelled on the minutiae of engineering marvels, soon felt limited. It was perhaps his artistic alma mater's training, which honed his hypersensitivity to the fluidity of spaces, or maybe a deeper, innate response from a Shanghai native watching his hometown warp and weave; Xu began to cast his net wider.

He ventured beyond mere architectural chronicles, adopting a style of landscape photography to capture the cityscape in flux, where the old and new danced in a visual symphony, encapsulated through his landscape snapshots.

Through the lens, Xu captured the metamorphosis of Shanghai's veins and arteries, from the transformation of Nanjing Road and Huaihai Road to the razing of age-old neighborhoods and the rise of the city's subways and towering overpasses. His photographs have become vital visual documents through which we can re-read and reassess Shanghai's urban overhaul as it vaulted into the new millennium.

The contrasts etched in Xu's frames - the birth and decay, the ancient mingling with the avant-garde, ruins against the backdrop of gleaming facades, today's reality juxtaposed with tomorrow's dreams - paint a vivid tapestry of Shanghai's urban renewal narrative over the last three decades. Beyond mere architectural feats, these photographs tell the silent stories of societal aspirations, marvel, thrill, unease, and perplexity, intertwining the majestic spectacle of urban evolution with the deeply personal, sometimes turbulent, emotional journeys of its citizens.

In 2003, Gu Zheng curated the exhibition "The Aesthetics of Ruins" based on these photographs, providing them with their first comprehensive showcase. This exhibition delved into and discussed the underlying mechanisms of spatial production behind these landscape changes from sociological and urban studies perspectives.

Xu's photographs also confirm and complement to Gu's later writings on "The Spatial Turn in Contemporary Chinese Photography." According to the cases mentioned in the article, in the 1990s, only Xu Yong in Beijing was capturing the disappearance of hutongs; as for Shanghai, works like Zhu Feng's "Shanghai Zero Degrees," Birdhead's "New Village," Zhu Hao's "Shanghai Silent Film," and Zheng Zhiyuan's "Megacity" would not emerge until a decade later.

Stepping onto the photographic stage in the early 1990s, Xu's journey with Shanghai over the turn of the century seems like a serendipitous rendezvous. In his twenties, amidst the city's radical demolitions and constructions, the colorful tapestry of street characters, swirling trends, dazzling advertisements, and merchandise, he dove passionately into the city's fresh lifestyles while maintaining the necessary detachment of a photographer - viewing its unfolding drama through a lens of objective curiosity and engaged warmth.

By the late 1990s, Xu shifted his career to journalism and influenced by masters and predecessors like Henri Cartier-Bresson, Lu Yuanmin, and Yong He, he no longer confined himself to observing the city from a slightly removed, panoramic viewpoint that scrutinizes space. Instead, he turned towards a vibrant street life, immersing himself in the throes of urban existence, capturing social scenes from an intimate, close-up perspective.

In nearly two decades around the turn of the century, Xu captured the social life of Shanghai in approximately 3,780 rolls of film, with 1,850 in black and white. The exhibition showcases only a tiny fraction of this vast collection, focusing on candid street portraits.

He zoomed in on the spontaneous drama of street life and the characters that animated it - tourists and locals alike. Their attire, the ambiance that enveloped them and even the subtle nuances of their expressions and postures, all pulsed with the unmistakable rhythms of the era.

Xu's frames often feature men and women strutting with hair sculpted in oceanic waves or sleek side parts, seemingly fashionable individuals brimming with confidence in their sunglasses, as well as so-called successful businesspeople clad in full suits and trench coats, carrying bulky mobile phones and briefcases. Additionally, the images are peppered with roadside billboards and posters, popular modes of transport at the time and the endless stream of people that characterize the city's bustling streets.

Xu never intends to narrate stories in the conventional sense. Often, his frames capture no significant events, leaving us with nothing but the frozen gestures and expressions of individuals or groups. Yet, these gestures and expressions are vivid and natural, some brimming with tension, capturing subjects at the emotional apex of their moment.

Photography seems to extricate them from the cacophony of the world behind, freezing them in the instant they step out of their chaotic backdrops into the stills of everyday drama. This technique grants viewers ample space for imagination. Confronted with faces marked by youth or age, confidence or desolation, elegance or adversity, one can't help but speculate about the myriad stories of triumph, mundanity, or struggle beneath these outward appearances.

Xu's work embodies the quintessential traits of street photography: its fragmentary nature, the serendipity, the ambiguity, the multiplicity of interpretations, the collage-like assembly, and the surreal quality - all echoing the unique sensory experiences of urban life. "Photography is hailed as the medium of the city," and in turn, "the city exists through the lens of photography." (Gu Zheng) The characters captured by Xu appear so ordinary yet distinct, mirroring the city itself - simultaneously familiar and alien.

While urban photography often shares specific characteristics, the streets captured in Xu's photographs are unmistakably identifiable as Shanghai at the turn of the century. This recognition stems not only from the previously mentioned elements that bear the hallmarks of the era but also from a unique atmospheric quality that emanates from the scenes and characters within these images. It's a distinctive essence of the times that they exude.

We understand that the early 1990s marked a significant period for Shanghai, as it, and the rest of the country, entered a second phase of reform and opening up. The development of Pudong and the transformation of Puxi, the full-scale advancement of the market economy, the further opening of financial and real estate markets, and private capital all characterized this era. The dual-track system allowed those in control of resources to amass considerable fortunes in a grey economy easily.

Poets and philosophers were relegated to the background, replaced by new idols like Warren Buffett and Bill Gates. Books on finance, IT, management, and the art of cunning thrived, reflecting a society where wealth became the direct measure of a person's worth. People from rural areas and other cities flocked to Shanghai, drawn by the scent of wealth and the promise of prosperity that filled the air.

The reboot of the 1990s in Shanghai wasn't merely a resurgence; it represented a rupture - not just with the 1980s but with a myriad of traditions. David Harvey described the transformative upheaval of mid-19th century Paris as "creative destruction," and "a radical break with the past," emblematic of one of the myths of modernity. As Harvey puts it, the break is supposedly of such an order as to make it possible to see the world as a tabula rasa, upon which the new can be inscribed without reference to the past, if the past gets in the way, through its obliteration.

This era of openness and rupture in society paradoxically fueled the emergence of novel social lifestyles and production scenes, granting people unprecedented freedom that manifested in a kaleidoscope of expressions. Yet, on the flip side, it also cultivated a reservoir of tensions, contradictions, and conflicts within the social fabric.

This duality of openness and strain permeates Xu's photographs, capturing the essence of a society in the throes of rapid change, wrestling with its newfound liberties while navigating the undercurrents of its internal disparities.

Gu, in his article "Urban Landscapes in Contemporary Chinese Photography:1980—2020", notes that the city streets, in the wake of reform and opening up, have played the dual role of public spaces and stages for the burgeoning display of human nature. These streets have also sparked the imagination for the possibilities of photographic expression.

Xu's street photography embodies this spontaneous expression and flaunting of human nature. From another perspective, it could be seen as the effusive burst of humanity following a structural rupture, carrying with it both the noble and the base. The streets depicted in his photos are a rich tableau of characters and social forms, a battleground of virtues and vices - enthusiasm, kindness, discipline, gentleness, as well as indifference, greed, arrogance, and deceit.

Furthermore, these scenes might also represent the cultural shock experienced by a community undergoing intense social transformation: a collection of fragmented and independent individuals each grappling with loneliness, homesickness, confusion, and hostility, or in search of dependence. Forced to struggle for survival in a crowd, adopting a survival-of-the-fittest approach, they await the passage of time for eventual healing.

In previous conversations, Xu frequently mentioned his admiration and fondness for August Sander's "Face of Our Time." Despite his series of portraits not adopting Sander's photographic technique, Xu's work vividly captures "the faces by the end of the 20th century," alive with the era's defining expressions.

Shi Hantao

CONTENTS
目录

序 Foreword	003
街头 Streets	017
踩着铜钱化开的树影	018
街拍：非常冒犯，非常冒险	019
南京路曾是我们共同渡过的那片"海"	021
一把菜刀	024
街头摄影作品展示	026
弄堂 Alleys	105
青春是一种美好，青春也是一份慌张	106
摄影，我的多巴胺	109
观看、接纳焦虑的源头	112
绰号叫"草籽"的小伙伴	115
关于弄堂里那些"流氓阿飞拉三"	117
上海弄堂	119
弄堂摄影作品展示	128
废墟 Ruins	155
废墟景观：上海1990年，过渡年代的风景	156
在愚园路的辰光里做梦	160
废墟摄影作品展示	166
回望 Retrospect	195
有意味的形式	196
什么是好的照片	201
摄影，小心地去铺设进入心理层面的阅读	208
在现实面前，节节败退	213
图片故事 Picture Stories	217
访谈 Interviews	255
罗曼蒂克消亡了，还有不死的欲望在路上	257

拍下这些照片，我很幸运
写下这些文字，我很羞涩

街头

Streets

踩着铜钱化开的树影

1990年夏,午后的骄阳穿过茂密的梧桐树叶,洒向黑色的柏油马路,散开一个个铜钱大小的树影,晃晃悠悠,捉摸不定,上海滩可真是遍地"黄金",一点儿也不假。这里马路两边的行道树大多种植来自法国或英国的梧桐,后来人们管它们叫法桐和英桐,这一带老早叫"租界",现在称"衡复风貌区"。

我喜欢走在这种树荫下,听着树上蝉鸣,脚下踩着"铜钱",一路向前。那一年我20岁,浑浑噩噩,也快快乐乐。过了很多年,看到台湾导演侯孝贤在1983年拍摄的电影《风柜来的人》,影片里的天空跟我们这儿一样,总是白云高挂,纹丝不动,路上行人稀少。电影里少年和他的小伙伴出现,趿着塑料拖鞋,个个低垂着脑袋,时而心事重重,时而又心无旁骛,既颓丧又激昂,不晓得他们脑袋里装着什么,但也同样踩着自己脚下的身影,荡在马路上。电影里的虚构景象,常常会被我叠映在1990年上海的那一刻——从前日子慢。

1990年,改革开放的春风即将从南方吹过来,股票认购证也要在两年后上市发售,一夜间,下海、炒股、三产、倒爷、去日本打工,很多新名词扑面而来。上海就好像进入了一个簇新的时代,充满机会。

那一年我开始拍照,感觉自己像是一块干海绵被扔进海里。

街拍：非常冒犯，非常冒险

经过路口的波兰领事馆，拐个弯，便是安亭路。这条路宽约12米，长约300米，马路两边有不少精致的房子，其中印象最深是20世纪30年代西班牙风格的花园洋房，还有英国乔治时期风格的现代公寓。老虎窗、红砖墙、雕花门头、墨绿色百叶门，房子虽老旧，却色彩丰富。再往中间走是一栋6层高的公寓，咖啡色墙砖，建筑外墙上镶嵌巴洛克式的石刻垂花图案，弹眼落睛。石刻垂花图案下面经常停着一辆永久牌28英寸男士自行车，这便是安亭路43号的安亭公寓，原名金司林公寓（King's Lynn Apartments）。其为砖混结构现代公寓，新古典主义建筑风格，由著名美籍华人建筑师李锦沛设计。我曾经的工作单位就在路的尽头，建国西路上。路过此地，我时常心里想，什么时候我也住在里面，就近上班，不用天天挤一个多小时的公交车。

我的第一张摄影照片是在安亭路上按下的。由于安亭路属于小路，不通公交车，行人寥寥，那天见左右无人，我勇敢地掏出相机对着墙壁上的"爬山虎"和裂缝，快速拍上几张，然后将曝光数据记录在白纸上，回去冲出底片比对验证。

拍照片本身是日常生活中很自然的一个行为，但是因为这一回，心里有一个比较明确的意识：是在搞艺术，后来反倒羞涩起来。1989年春托人购买的海鸥DF-1全手动相机，没有自动测光功能，可想而知，摄影作为艺术，既要做到正确曝光，又要瞬间完成构图，还要顾及人物情绪，创作起来难度超高。要是当时有人在我背后吼一句

"拍啥拍",估计我会落下一生的病根,放弃这种提心吊胆的创作方式。但到今天,照片也拍了30年多年,胆子确实肥了不少,倘若有人这样吼我,我即便心里害怕,也得先将快门按下,然后转过身,笑着回应"爱好,爱好,瞎拍拍",同时提醒自己语气要保持平稳镇定,并使用本地方言,拉近关系,让对方一时无从判断此人好坏,迟疑片刻,我趁机逃脱。

街拍,非常冒犯,非常冒险,轻则被拉出底片曝光,重者内伤一天,甚至一生一世。曾有过的此种不良记忆,时常冒出,难以彻底删除。但街拍,也唤醒了我身体里最好的觉察力和感受力。

南京路曾是我们共同渡过的那片"海"

大概在我10岁时，跟着母亲去南京路后面芝罘路六合路上的一位亲戚家，我们喊她"三姨奶"。印象中奶奶身材单薄，爱穿黑色衣服，面容小巧紧致，有着一副细碎好看的牙齿，抿着嘴笑，她家的孩子们也继承了这个优点，未语先笑。我们全家总是乘14路电车过去，晚上会被留下吃饭。返回时天色已暗。六合路在市百一店（上海市第一百货商店）后面，是上海一条普通的小马路，不通公交车，弄堂口一盏路灯昏黄无力，但是从弄堂里转出来没几步便是大马路——南京路，那一刻我感受到此前从未有过的巨大的震撼，什么叫"十里洋场"——花花绿绿，人影绰绰，光影虚渺，霓虹闪烁，华美人间。

最要命的是"霓虹灯"这个东西，它会给人带来眩晕感，不像白炽灯的光是均匀稳定的，霓虹灯会泛光，霓虹管边缘模糊，再加上一点水汽，那种光色非常迷人，世界似乎都变得不真切起来。我相信"世界的意义必定在世界之外"（路德维希·维特根斯坦，Ludwig Josef Johann Wittgenstein），不真切是对的。这种感受在某种程度化将人拉回到幼儿最初睁眼看世界的状态，看即是看，不掺杂后天经验的感觉。南京路十里洋场的那一瞥，对于十来岁的少年来说，与其说那是对上海的一次全新认识，不如说是对以往生活经验的一次颠覆，甚至背叛，原来上海还有这个面相。一颗被霓虹灯的水汽缠绕的种子就此在一个少年心里埋下——习惯性地望野眼（眼睛分神，注意力不集中，到处张望）。

年龄稍长的人都看过电影《霓虹灯下的哨兵》，影片拍摄于1964年，南下的解放军入城驻大上海，某日，八连战士童阿男对班长说"在南京路上巡逻比看个电影还要刺激，连风都是香的"，他为此积极要求在夜间站岗放哨。影片揭示了在新政权下，对人的（革命）意志的考验。

刚刚从"文革"走出的上海，电影、文学、诗歌、美术、音乐与当时并不饱满的现实生活共同勾勒出一幅亦真亦幻的景象——霓虹残影。这是一个上海少年在20世纪80年代的记忆碎片：原来南京路上的风真是香的。

2023年电视剧《繁花》上映，一度成为热点话题，唤起了一些朋友的共鸣，也引来旁的一些看法。《繁花》满足了上海人一次集体性的怀旧情怀，同时也必定会陷入言语争锋的境地，从这个角度来看，摄影的好就是——不响，语言是把双刃剑，唯有照片沉默不语，与你对视。

1865年，工部局以"南京路"作为马路的名字。1908年，南京路开通有轨电车，路面采用进口铁藜木铺设，其后的二三十年，南京路上原来的小商摊、小商店变成大型百货商厦，相继建成了先施、永安、新新、大新公司等商厦。南京路又称大马路，依次排列九江路、汉口路、福州路，形成集金融、贸易、商业、交通、文化于一体的繁华网络。

人潮涌动、摩肩接踵，南京路两边是鳞次栉比的商铺，琳琅满目，各具特色。自东头和平饭店一路逛至西藏路人行天桥，这是绝大多数人的第一停歇点。站在天桥上面，望着密密麻麻的行人，良久，方才离去。市百一店里的服装公司是否如《繁花》中所展现的卖过丝光棉"梦特娇"，我没有印象，倒是隔壁二马路九江路上的店铺里悬挂着各色"梦特娇"让我记忆深刻，尤其是店门口那些脚下穿赤刮辣新的迪亚多纳（Diadora）运动鞋、上身着黄色"梦特娇"的男青年，晃来晃去，如招牌一般引诱人进去，但又会被他们的腔势吓牢，这就是中国第一批个体工商户，坊间称大户、万元户。社会主义市场经济的活力首先在他们身上显现。

西藏路往西，南京路又呈现另一个景象，商铺不那么稠密，人潮也不再汹涌。一部分人流被分至西藏中路，转至人民公园和人民广场，另一部分被分流到大光明电影院，再一部分人越过国际饭店，折入黄河路美食街饱餐一顿后，继续西行至静安寺、百乐门，这一天下来，脚骨几乎跑断。逛马路绝对是一种体力活。

《繁花》中，1993年的宝总常去的南京路是很多人渡过的同一片"海"，正是在那段时期，我将此地作为艺术创作练手、练心、练胆子的创作场所，不经意间留下了不少照片。每一张画面中的人，留下的影，都是我刚学摄影时的"决定性瞬间"。哪天有缘，照片中的你若看见曾经的你，我将把它送给你，因为我们曾共同度过了那段时光。

一把菜刀

我的拍摄对象一般都来自街头，属于"快照"。这个词本身没有问题，但是一位居住在雁荡公寓里的艺术家说，"这些是快照"。我听他的口气，一度认为这是一个贬义词，甚至觉得快照有罪，是没有多少价值的东西。那时是1994年或1995年，他刚从法国回来，他讲国外的摄影艺术已经不限于街头抓拍这种单一创作模式。随着年轻学子奔赴海外求学，带回一手新鲜资讯，地球几乎是"平"的了。

2000年是一个重要时刻，不仅仅是岁月更替的世纪之交，它还有一个好听名字叫"千禧年"。听上去千禧是喜色的，那时候的人们相信歌曲里所传唱的——明天会更好。

千禧年，人们刚刚经历1997年7月香港的回归，转眼，1999年12月澳门回归。千禧前夜，1999年顶层画廊在南京东路479号先施大厦12层开张。至此，每个周末这里会举办艺术展和各种Party。我记得，一个盛夏夜的肚兜Party是人潮最汹涌的一次，黑夜被涂抹上颜色，年轻的肌肤明亮健康。欢乐是那个时代旋律，振奋是那一代人的心理常态，回望在顶层画廊中《上海派对》的照片是一个证据：我们如此欢愉，又如此天真。如果说将时代比喻为列车，很幸运，我们曾经在这列车上，感受过风驰电掣。

世纪之交的千禧年像是一个全球盛事，没有人怀疑未来会更好。路上的行人面对相机，都还没有今日这般戒备，甚至今日回忆起来，还充满一丝温情。如果我没说记错的话，那时候我见到上海著名新闻记者雍和老师拍过一张徐家汇商业区的照片，画面似乎是一名男子一只手持一把菜刀，另一只手提着DVD，与他的朋友夜行在马路上。多么的不可思议啊，我亲爱的魔都。那是为了迎接世纪之交千禧年，商家促销买DVD送菜刀。就这么着，这哥们持一把菜刀一路行走在街上，多么"和谐"的社会风气啊，路人笑喷，警察也笑喷。这是属于雍和式的新闻快照，绝。

街头摄影作品展示

1998 年 7 月
外滩，黄浦

1993年1月
外滩,黄浦

1993年1月
公平路轮渡,虹口

1994年1月
滇池路，黄浦

1998年10月
泰同栈渡口,浦东

1998年3月
浦东大道, 浦东

2002 年 5 月
南外滩，黄浦

左页
1994 年 12 月
外滩，黄浦

1993年3月

1993 年 3 月
西藏路桥，静安

1993 年 11 月
四川北路，虹口

左页
1993 年 4 月
华山路，静安

1994 年 12 月
复兴中路，卢湾

左页
1994 年 11 月
淮海中路，徐汇

1994 年 3 月
南京路，黄浦

1998 年
淮海中路，卢湾

1996 年 4 月
河南路桥，黄浦

1998年5月
淮海中路，卢湾

1994年5月
乍浦路,虹口

2000 年 7 月
淮海中路，卢湾

2000年5月
外滩，黄浦

1996年6月
河南中路，黄浦

1998 年 5 月
延安中路，静安

左页
1998 年 3 月
外滩，黄浦

2002 年 11 月
西藏南路 - 延中绿地三期，黄浦

2005年11月
东安路，徐汇

1998 年
四川北路 - 邮政大楼，虹口

1993 年 3 月

前跨页
1999 年 4 月
古美路，闵行

1998年4月
延安东路－人行天桥，黄浦

1998 年
大世界，黄浦

1995年8月

鸭绿江路桥，虹口

1992 年 5 月
北站附近石库门,闸北

左页
1992 年 11 月
建国西路 - 建业里,徐汇

1997 年 1 月
闵行路，虹口

前跨页
1992 年 5 月
北站附近石库门，闸北

1994 年 8 月
南京东路,黄浦

1996年9月
乍浦路,虹口

1993 年 11 月
汉口路 - 老市府大楼,黄浦

1998 年 7 月
云南南路金陵东路，黄浦

1999年8月

1998 年 9 月
陕西南路延安中路，静安

1999年6月
西藏中路，黄浦

1993 年 7 月
南外滩，黄浦

1999 年 9 月
苏州河，普陀

1999年9月
苏州河，普陀

2002年11月
南京西路，静安

1998年9月
柳林路，卢湾

2000 年 12 月
新客站，闸北

2001 年 4 月
宛平南路，徐汇

1995年2月
四川北路,虹口

1994年3月
南京东路,黄浦

1991年8月
南京东路,黄浦

1998 年
南京东路西藏中路－人行天桥，黄浦

左页
1999 年 7 月
南京东路，黄浦

1998年11月
黄浦

1999 年 3 月摄
地点：豫园商城，黄浦

1994 年 3 月
南京东路，黄浦

1995年2月
海宁路，虹口

1994 年 3 月
南京东路，黄浦

1994年3月
南京东路,黄浦

1994年5月
南京东路,黄浦

1995 年 2 月
四川中路，虹口

1994年10月
南京东路，黄浦

1995年1月
南京东路,黄浦

1995 年 2 月
四川北路，虹口

1994年5月
南京东路,黄浦

1993年9月
淮海中路,卢湾

1998年10月
乍浦路,虹口

1994年7月
南京西路,静安

1998 年 10 月
南京东路，黄浦

弄堂

Alleys

青春是一种美好，青春也是一份慌张

每个人都有一首自己青春的歌。我的青春成长过程中的音乐是20世纪80年代末到90年代的港台流行音乐。

音乐可能是艺术领域中最具传播性和情感共通性的存在吧，它有广泛的群众基础。这一点从全国公园里大合唱的蓬勃发展被一次次证实。鲁迅公园作为上海市民性很强的一座市中心游乐园，长年活跃着多个不同演唱风格的乐队、不同音乐组织的机构，甚至不同阶层的演唱团体，但同一性的是，他们都以歌唱20世纪50至80年代的革命流行歌曲为主。这些歌曲具有浓厚的革命浪漫主义色彩，演唱过程中亦体现出较强的纪律性。每逢周末，这里人群聚拢，歌声嘹亮，时而低回，时而昂扬，树听之，静默；风闻之，而起。在那些歌声里，我听见人们一遍遍对青春的回望，快乐、苦涩、激昂、蹉跎，还有深深的叹息。往事如烟，人们以群体性的歌唱形式呼唤曾经的革命战友，抱团蹚过时代之河，缅怀各自的青春。这是属于她们的青春之歌。每每有后生闻讯前来，驻足抻颈张望良久，或默不作声，或嘻笑离去。

时代之音在20世纪80年代末开始转变，台湾歌手邓丽君的甜美声音好似一股清新之风，拂面而来，柔化人心。我记得在20世纪最后一个春天的上海植物园春游途中，我的同事周锡芳神秘兮兮地将Walkman的一只耳机塞入我的耳朵里，顷刻间，曲风荡开，万紫千红，那是一首台湾歌手童安格的《让生命去等候》，歌声跨越山海，来到上海。

《让生命去等候》中的歌词没有宏伟的革命激情，也没有你侬我侬的莺莺燕燕，它是人生旅途中的一次迷茫后面对挫败的态度，消极又励志，两种情绪缠绕，徘徊中，生命之河等候下一个漂流。青春是一种美好，也是一份慌张。

走在忠孝东路	走在忠孝东路
闪躲在人群中	徘徊在茫然中
在我的内心深处	在我的人生路途
隐埋着一段错误	选择了多少错误
我在恐惧中逃避	我在睡梦中惊醒
那无名的谴责	感叹悔言无尽
恨我不能提起勇气	恨我不能说服自己
面对一切报应	接受一切教训
让生命去等候	让生命去等候
等候下一个漂流	等候下一个漂流
让生命去等候	让生命去等候
等候下一个伤口	等候下一个伤口

整个20世纪90年代，音乐伴随着9.9元卡带旋转，这种状态成为那一代青少年的青春记忆。上海人民广播电台有一档LoveRadio103.7经典金曲节目，依托当时港台流行音乐的传播，至今被我锁定在BOSE收音机的频道中，好像这样做青春也能保鲜似的。我一直有一个疑惑，103.7音乐节目刚开始的阶段，DJ人才稀缺，其中有一位年长的女性，操着一口不太标准的普通话，声音暗沉沙哑却又饱含深情地与听众分享音乐歌曲，这使得她在一众标准播音声中，辨识度极强。也因为这个声音，让我记住了她对音乐的热爱。遗憾的是，我后来向身边多人求证，竟然都不知有此主持人。

记忆或许不可靠，网上资料也无迹可寻，从这个角度看，拍照留存下来的银盐相纸却多了一个可供回忆的凭据。但是我觉得，与生产视觉图像相比，音乐能更快地抵达精神世界，让人相信世间有美好存在。

摄影，我的多巴胺

人一辈子都在追求快乐，快乐是什么？医学证实，多巴胺调节腺垂体分泌、调节心血管活动、调节躯体运动、影响胃肠道功能活动、参与精神情绪活动，并使人感到快乐。有一个关于老鼠的多巴胺实验故事：在房间的角落里放一个多巴胺注射器，老鼠偶尔触碰预设的开关后，身体里被注入一点多巴胺，它感到很快乐。为了获得持续的快感，老鼠会频繁地去触碰开关，甚至有些上瘾。摄影，就是我的多巴胺。

在开始将摄影作为创作方向之前，我一度沉迷搓麻将。我记得，以前夏日高温超过35°C，法定下午不上班。我们几个男孩子天天期盼高温天，悄悄约好地点，搓麻将，一直打到次日天亮方罢手。印象中，我们当中牌打得最好的是小马，这家伙学的是工科，脑子好，他能计算各家手里大致有什么牌，十分理性、沉着。其次是一个个子高高的家伙，他肌肉发达，好像是同济大学土木工程毕业，一脸坏笑常挂脸上，爱搞心理战。我总是玩不过他们。这让我沮丧，这个游戏耗时费力，不好玩。

后来热情一度转战到当年相当流行的电子游戏——俄罗斯方块。2023年公映的电影《三大队》中凶犯家浴室里的那款俄罗斯方块游戏机，讲的正是那个年代的故事。最终，我在俄罗斯方块游戏机屏幕上打出"9999"，才彻底与它告别。这让我感到很满足，可惜那种快乐很短暂。

说来也是一种缘份，当我接触到照相机的那一刻，立刻喜欢上了摄影。那时候我在上海市政工程研究院工作，专职任科技摄影一职。严格地说，我一开始的工作并不是做摄影，当时这个职位由一名经验丰富的摄影师担任。

我对自己比较了解，我思维跳跃，很感性，但不善分析，缺乏逻辑，注定做不了科研工作。一次，我听说上海市政工程管理局下属的市政工程志编纂办公室可能需要摄影人员，他们恰好又和在我们在同一个大院里办公，于是我跟室主任表示希望转岗。很幸运，市政工程志编纂办公室接收了我。其实在那里拍摄照片的机会并不多，日常主要工作是资料汇编和会务，不过，我还是比之前获得更多接触图片和拍摄机会。我记得主要搜集并拍摄建成后的道路、桥梁、隧道、地铁等各种与市政工程有关的照片，上述市政工程建设照片部分被刊用在《上海市政工程志》上，其余作为史料存档上海市政工程管理局。

后来，市政工程志编纂办公室出资，办公室副主任王华星委派我去北京采购了尼康F3相机。这在当时是一台十分昂贵的相机，确实它也没有让领导失望，留下很多上海市政建设时期的照片。同时也让我欣喜，第一个周末带去南京路试机，竟然拍到3张不错的照片，对于一卷36张底片的一次拍摄来说，成功率可着实不低。我心中大喜，摄影热情愈加高涨。

我远离了麻将和电子游戏，也不懂得谈恋爱，所有精力全部用到拍照片这件事上。有年长的同事悄悄将实验室的钥匙给我，晚上我便在实验室里冲印照片。那时，我在放大机边上放着流行音乐，一边冲印照片，困了就睡在办公室桌上。这看似艰苦，其实快乐得要死。那时候还有好几个同事因家住郊县，都被单位安排在宿舍里，男男女女，都未结婚，我们相互陪伴，结下友情，直至今日。这是1990年代属于我的青春时光。

拍了几年，积攒了一些照片。2003年初夏，受原点画廊之邀我在巨鹿路举办"废墟的美学"摄影展，由顾铮老师策展。陆元敏老师看完，悠悠地跟我说，"侬迭些照片里厢有一口气"。收到陆老师的鼓励，我也更有动力去搞摄影。原点画廊初起理念之新远超时代。如果我没有记错的话，当时画廊由肖睿和他的一个哥们将炒股获利资金投入其中，施瀚涛主持画廊运行。顾铮老师在日本留学多年后归来，正意气风发，写书、策展、推举新人。至今我们见面打趣，"当时不应该搞什么摄影画廊，把展览的那座洋房买下来比什么都强"。那时，我朋友朱琪恒的哥哥从澳大利亚回来，在新乐路上开了一家法国餐厅，极有腔调，极其先锋。圆拱门窗，薄纱垂悬，窗外影影绰绰，黄昏时分走进餐馆，桌上点着蜡烛，气氛安宁，大家讲话都是轻声细语。据朱先生回忆，"房子三层，底层带院子开价120万元，加上二楼、三楼，总价估计要三百多万"。朱先生一度动心，有意下手，说的就是原点画廊当时租赁的那栋洋房。后又听说此楼有点歪，朱先生爬到三楼，感到地板有点斜，犹豫是否买下拆了重新造，终搁置，至今，那幢楼也未倒。讲起来，真正极好的地段，法租界，往东是锦江饭店，往西是上海作家协会，左手是延安中路，右手边是进贤路、长乐路、新乐路、淮海路商业街。"错过了一个亿，错过一个上海传奇"，大家哄笑。

观看、接纳焦虑的源头

对于陈年往事，我本无意怀旧，每天忙忙碌碌，人被推着跑，停不下来。但是，我又每时每刻都清楚地知道，生活本不应如此。求安宁，却不得。这些不安与焦虑在一次亲近佛教的工作中给了我能量。

2011年夏天我在河北柏林禅寺以体验式采访的形式居住一周，这也是我第一次近距离接近宗教，事后想想也是一次凶险的遭遇。当天，沙弥安排我和一40多岁的男子合住一间房，并介绍给我说，"这是青岛某职校夏令营带队的老师"。这位老师吃开口饭，声音洪亮，善于讲话，也喜欢讲话，问了我很多问题，很快对我的基本情况有了一些了解。之后，他的学生在我们房间进进出出，很是热闹，从他们的对话中，我也了解了这位老师一些情况：在年轻学子面前，虚张声势。我不响，但是，还是被他看出我态度的转变。很快，他便找来一个给我难看的机会。我记得，那天下午他冲着我高声叫嚷，"为什么用我的肥皂，用了也不打招呼"。我惊讶反驳，"我用的是沐浴露，不用肥皂"。他听我反驳，更是怒火中烧。"不要狡辩，肥皂上还有你的头发。"他完全以训斥学生的态度对待我，真可恶，我心想。随后，他勒令，是的，勒令我立即搬出这间房间，口气不容置疑。僵持在那里，他已然迸不住，恶语连连，几乎要到动手的地步。我迅速分析，首先，如果双方动手，见血是一定的，甚至更糟；其次，即便退一步换房，至少得知道庙里是否有多余空房。我心想，如果是前者，本次采访任务恐怕是完不成了，记者能不能干下去，也难说。同时，可能我会成为新闻人物，标题我自己都想好了——"南方记者与北方教师为一块肥皂在寺院殴斗，被住持双双轰出"。本来诚心学佛，结果传笑话。时也至今，我都觉得这么小的一点事，至于吗，敬爱的青岛老师。很快，一沙弥出现，笑着劝解我们，眼见调停无效，他便安排我入住在别处。一路上，沙弥竟未问为何起事。

次日，我郁郁寡欢行走在寺庙里，遇到一排和尚捧着钵依次而出，其中一个见到我，竟主动招呼我到他那里坐坐。印象中，这位老和尚似乎来自镇江，他听闻我的遭遇后笑着让我坐下给我分析。他说，"你当时没有动手是对的，但是你没有智慧地处理这事，所以，你要亲近佛"。之后，他又跟我讲了行善和行恶的道理，那些道理并不高深，感觉像是邻居老大爷在我小时候也讲过的话。他还说，"你相信我，一周后你回到上海，闻到的肉都是臭的"。返沪后，某日经过一家以前常去吃的烧鸭饭店，烧鸭还在厨房里，我已闻见浓重的气味。果真，此言不虚。事后方知，在寺庙的8日，食素的关系，身体得到一定程度的洁净。

阿弥陀佛。经此一事，几分感悟，人生艰难，这条路上必定会遇到这样或那样难缠的"小鬼"，这是劫，要渡过。众生皆苦，悲喜自渡。佛说：人生是一场修行，生活给我们的劫难，都是要经历的。我们在渡己的同时，也在努力追求更完美的自己。

我性愚钝，老和尚当时讲的"佛的智慧"，直到2010年我方明白究竟何谓。一则是方法论，另一则是抵达极致人生的"欢喜、自在"之境。这是让人能够从心里真正生长出欢喜起来的东西，这种生命状态才是最好的样子。

及至今日，年过半百，仍难以应对世间的复杂，"欢喜、自在"，偶尔像摄影的灵光乍现，心灵得到片刻的滋养。以前我若做错一件事，懊悔自责，愤恨难抑。现在，依旧会懊悔自责，但我清楚地知道，"此刻的我正在懊悔自责，愤恨难抑之中"，学会了在脑后方的位置观看自己，以旁观者的角度审视此刻的自己——观看、接纳焦虑的源头。不执着，不被这些幻想困住。如何不被困住？终究难。

绰号叫"草籽"的小伙伴

"草籽"姓曹,于是小伙伴顺势给他起了"草籽"的绰号,显然这是小孩子的恶作剧。曹住在虹镇老街天宝路的一条小弄堂里,这个地区被称为"下只角"。

"草籽"个子刚过一米六,印象里一年中有大半年时间穿着蓝灰色中山装,剩下的时间穿着的确良白衬衣。因生于20世纪60年代中期,父母受到三年困难时期的影响,备孕不足,"草籽"身体孱弱、单薄,走到哪儿都喜爱靠着什么东西,否则要跌倒下来的样子。加上他长着一双丹凤眼,又有几分女相,没有外界对虹镇老街的刻板印象。

"草籽"会玩飞牌,一种赌博类型的桌牌。这种游戏在当时的虹镇老街一带很流行,"草籽"算是典型的不好读书的孩子,但是他在这类事情上极有天赋。在周围人眼里,他凭借出色的飞牌技艺够得上当时"小流氓"的标准,极有潜能延续虹镇老街传统"流氓"的精神,成为这里的"后备人才"。那一年,"草籽"不过十三四岁。

"飞牌"的游戏规则具体来说,三张扑克牌均为同一个数值,一张是红色,另两张是黑色,这些牌被"草籽"纤细的手指翻来覆去地摆弄着,要准确猜中那张红色牌。整个过程都在明处发生,很多人自信眼见为实,可又纷纷看走眼,不得不掏钱认栽。"草籽"小小年纪就在这上面挣了一些钱,偶尔,他会将赢来的钱去买一些零食与小伙伴分享,他总是会多分我一些。当然了,我小时候也住在那里。

我们关系好,他私下给我揭开谜底,手把手教,道理简单,但我终究玩不转。"草籽"后来辍学,成为社会青年,经济上陷入困顿。2009年我们那一带整体动迁,回去见到过他一次,发现他人精瘦,倚靠在家门口,见了我有点惊讶,彼此默默地点头,交换了一个眼神,点头相认,不响。可能那时候"飞牌"用力过度,"草籽"眼神黯淡无光。

老房子动迁过程中与动迁组工作人员的各种"斗智斗勇","草籽"的一手"飞牌"技能也完全帮不上忙。虹镇老街的传统"流氓"精神——抱团捍卫自身权利而不受外部力量的伤害,最终抵不过时代的巨轮,被碾压得稀巴烂。他们家有三兄弟,祖上积德,因宅基地面积不小,获得不菲的动迁款,足以让曹家生活无虞。

小时候,父母都不让我和哥哥跟"坏小孩"一起玩,但是曹的父母与我母亲关系很好,所以我们常常在一起玩。曹比我年长三四岁,常带着我们小伙伴走出弄堂,去到更远的弄堂玩。曹劫过更小孩子兜里的钱,也被高年纪的同学欺负过。更远的弄堂如迷宫一般,是我们探索世界的第一步。曹所带来的体验是父母无法给到的,有一种冒险、担心牵扯的神经,即所有父母最担心自家孩子少年时期"轧了坏道"。当年我们小孩子的把戏、恶作剧,都在弄堂里厢发生,随着房子推倒,弄堂消失,人群散了,记忆可能也终将失去。

关于弄堂里那些"流氓阿飞拉三"

"打架是为了解决问题,或者是大流氓欺负小流氓,或者小流氓不买账,要反抗,由很多因素造成。打起群架来就像电影《老炮儿》中的约架一般,双方找一个空地,警察也不会来的地方。几分钟的斗殴过程,爆发出震天动地的响声,转眼逃之夭夭。"

曾经生活在虹镇老街的居民瞿永发,他告诉我了那些陈年往事,那是属于他的青春年代。

在旧社会,特别是在上海这样的开放城市,流氓阿飞是一个常见的负面社会群体。他们通常成群结队,不务正业,聚众斗殴,敲诈勒索,以及从事各种不正当的职业活动,扰乱社会治安。他们往往无视法律和道德,生活方式放荡不羁,以暴力手段解决争端。

瞿永发说,20世纪七八十年代的"流氓"的概念和现在、以前都不太一样,那时候人是讲义气的,但他们没有规矩或者方法和规则,落下了不好的名声。打,其实就是吓唬对方,是为了建立权威和秩序,并非真打。打肩不打头,这里面有区别的,后来乱了,年纪轻的流氓有的时候就不计后果。

再有一个是"阿飞"。瞿永发笑了起来。七八十年代社会上指称"流氓阿飞"为乱搞男女两性关系,比如外观上穿得奇装异服——小脚裤子、尖头皮鞋几乎被默认为"阿飞"。"有的小姑娘和'阿飞'马路上讲讲话就被捉起来,称为'拉三',实际上那时候'流氓阿飞拉三'不少是被冤枉的。讲到底这是社会悲剧,那时候不是实质上做了什么坏事，而是讲态度。态度不好，抓进去再说。真要抓进去就会被社会打入另类，那里面是一个大染缸，真成为流氓了，再怎么洗也洗不干净了，这一个人一辈子也完蛋了。"

"现在，一个女性和十个男性谈过恋爱，是正常的，一个男性和多个女性谈过恋爱，也是正常的。但是当时只要这个女性去告你，你就是流氓，警察马上来抓你。"

瞿永发，1951年生人，68届中学读了半年，1969年就下乡了。1979年回上海，先是在里弄生产组里干，直到1986年，才调到上海染化二厂上班。买书一直是瞿的爱好，20世纪80年代回到上海，生活简单，手里有点闲钱就买书。瞿有次得意地说，他手里的旧书差不多能撑起一个中国现代文学史料藏馆，据说藏书有6万册。我可以证明，复旦大学图书馆曾向我打听过瞿永发，有意收购其手中的藏书。

上海弄堂

上海有成千上万条弄堂，城市规划专家从城市角度分类，社会学专家从人类学的视角划分。作为摄影师的我，从感性、自身体验出发，用脚丈量上海弄堂。至今，我主动或被动搬家20多次，居住过上海不同地段和不同类型的房子，由此，摄影的触角也得以伸展得更深一点。虹口、黄浦、卢湾、徐汇是我那时候上班乘坐公交车必经的区域。我有时候骑自行车会弯去长宁区逛逛，后来城市通行地铁，闵行、闸北、宝山、嘉定也常去逛。从我的底片内容来看，这种状态持续至2007年。杨浦区、虹口区政府这几年对黄浦江沿岸进行了声势浩大的建筑功能置换性改造，肉眼可见的变化，作为摄影师的我深感拍摄赶不上建设的速度，这几年陆陆续续去了不少趟，有几次还深夜过去使用大画幅相机展开拍摄。那里的居民已动迁别处，大片街区弄堂口被石块封堵起来，弄堂像是被抽了血一样地失去了颜色，游荡在这样的马路上，清冷，这是属于繁华前夜的一种魔幻。

石库门弄堂，是上海海派文化中延展出来的一种典型的中西结合的建筑风格，是上海弄堂的一种面相。电影《爱情神话》中的"巨富长"（巨鹿路、富民路、长乐路）区域，石库门建筑相连，坊间称之为"上只角"。往西是徐汇衡复风貌区，这一带多深宅大院，一个门牌号占据一大片土地。再往西越过华山路江苏路，又是一片富有人间烟火气息的愚园路，直至中山公园地区。那里的弄堂就像鱼骨架，主街愚园路是一根鱼的主骨架，连接马路两边的大弄堂，宽敞的大弄堂可通行一辆大卡车，再深入两侧如毛细血管般的小弄堂，一家挨着一家，通往弄堂更深处。妙处是，这些小弄堂多与相邻街区的弄堂再连通，看似绝境，又柳暗花明，绝处逢生。居住此地的老人讲，死弄堂在早年甚少见，20世纪60年代很多弄堂被人为封掉，甚是可惜。

据说，弄堂不封掉此举与20世纪二三十年代社会环境有关。当时各股势力，加上黑帮组织盘踞于此，带来谋划、暗杀、贩毒、绑架等一系列令人闻风丧胆的恶行，将好好的愚园路落下"上海歹土"之恶名，可见这一地区的复杂性。"魔窟76号"距此不远，故暗杀、抓捕、逃生频频发生，弄堂相连，使得人的逃生机会增大，这也成为上海建筑、弄堂的一个特色。

1949年新中国成立，历史遗留下的不仅仅是成片带有西式风格的建筑物，更有很多传奇故事。作为曾经的远东第一大都市，传奇是上海这座城市的底色。黄浦江畔外滩的传奇是来自西方冒险家在金融领域的，而愚园路的传奇大多是政治和文化界人物的活动。2023年夏天，走进愚园路541弄，那是一排六幢联体建筑物，它漂亮的门头和左、右各一根的爱奥尼式柱子在石库门形制中并不多见。我有幸还进入蔡美霞老人家中，与她攀谈几句。后在网上查阅资料，老人是宁波李也亭（1807—1867年）的后裔。李也亭是清朝末年航运业的巨商，曾一度垄断江浙沪的沙船业，是旧上海宁波商帮著名家族商业集团"小港李氏"的创始人。后来，闻讯蔡美霞病逝。蔡美霞居住六幢联排建筑中的一间，正是其外祖父李咏裳在自居的花园洋房南端买了块地，为他的六个子女建造了一排房子，六幢双开间，三子三女各一幢，李咏裳给这些房子取名为"和顺村"，希望全家人能够和睦相处。如今，随着李家最后一位后人蔡美霞老人仙去，此地空留余音。愚园路541弄门口那两棵杨树根部异常遒劲有力，盘根错节暴露在地表上，向一侧的人行道延伸开去，树干局部被天牛掏空的伤疤赫然醒目，绿化工人使用水泥封堵受损的伤口，水泥这种冰冷的材质被硬生生地嵌到树木干当中，让人不忍直视。然而每当春天来临，一场场春雨落下，树干上的水泥封堵上会冒出一层淡淡的青苔，生生不息，并一路向着根部延伸开来。

愚园路有不同风格的花园洋房、现代公寓，更多的则是小弄堂里面中西合璧式样的石库门建筑，一般城市中产多乐于居住于此。

多年前，我将家搬至愚园路上，日常行走的路线：从小区弄堂大门出来，右转出门，再从路的对面回家，隔一段时间，再反过来走一遍。原本计划做这条路的选题，在了解得越来越深之后，逐渐打消当初的想法，这条路非同凡响，非一般功夫，不可轻易染指。

上海弄堂的另一个面相是工人新村。如果将《爱情神话》的背景放在工人新村里面来拍，估计电影名字"爱情"或尚可保留，"神话"二字即便想留，人民群众未必认同。尽管工人新村也不缺神话，但是工人新村老大哥的阶级性、觉悟性有强烈的革命底色，"爱情神话"要浪漫、要情调、要咖啡、要鲜花、要嗲。

2021年，我采访曹杨新村，曾经的居委会干部孙雅芬给我讲她经手过的一件事，"小区里有一个新疆返沪知青，他回来手里没有钱买房，当时房子只要5万块，我就说我借给你"，孙雅芬说。那个知青后来用孙雅芬老师借给他的钱买下了曹杨一村一户20 m²的房子。1999年的5万元的房子，现在市价已经涨到了近200万元。她说，"我们这代人就希望大家好，小区的居民好，有什么事情都愿意去帮。"孙雅芬这代人受父辈的影响至深，情感真挚朴素。她作为居委会干部，其实是很容易在当年得到一些"内部消息"，行"方便的事"。但她没有，这一带居民所居住的工人阶级空间保留和孕育的这种革命浪漫主义品质是属于延续了工人阶级革命队伍中的"神话"。

美国学者罗兹·墨菲（Rhoads Murphey）曾写过一本书，名为《上海——现代中国的钥匙》。上海从100多年前苏州河两岸的大规模工厂生产交易劳作的过程开始，通过河流的运输功能，抵达它想要去的地方，这是苏州河之于上海的重要性。苏州河两岸，尤其是沿河北部地区聚集了大批的产业工人——他们大多数从农村转辗来到这里，完成了身份的转变，生活在都市里。河流的南面，是电影《四行仓库》里表现的一河之隔的纸醉金迷、醉生梦死的世界。这一区域受租界势力的控制，日军在珍珠港事件未爆发前，尚不敢贸然闯入，因此，市面上马照跑，舞照跳，及至战前尚有投资商在南边建造成片的石库门弄堂建筑，供来自各地涌入租界的有钱人租赁或购买。租界管理者有时候良心发现也会放一些穷苦大众进入，大家各自安命。随着苏州河的北岸大片土地沦为战场，人们纷纷越过苏州河涌入租界避难。坐落在闸北的商务印书馆总厂和东方图书馆被炮火焚毁，战前苏州河北部的石库门建筑也飞灰湮灭于战火之中。淞沪会战促使了以苏州河为界，将上海分割为南北两大区域，像极了阴阳两极，直至20世纪90年代开始的城市改造，这一两极分化才有弱化的趋势。

1949年后，严重的住房短缺成为一大社会问题。有数字显示，约有100万个工人家庭（400～500万名居民）住在破旧的房屋中，这些房屋存在于老式的里弄里，也就是上海城区大部分人口居住的里弄街区。在这样的背景下，一个新的社会主义住房模式产生了，也就是工人新村。

1951年，上海市政府响应陈毅市长提出的"为生产服务，为劳动人民服务，并且首先为工人阶级服务"的方针，在全市统筹兴建工人住宅。曹杨新村坐落在苏州河的北面，是新中国第一个社会主义工人新村。曹杨新村是一个成功样板,三个家庭共享厨房和厕所,房内铺着木地板,有煤气可用,出门绿树成荫,流水潺潺,不远处就是学校、邮局、菜场。

裔式娟 1947 年从苏北盐城逃难到上海,那一年她 17 岁。在党的感召之下,她以无限的热情和忠诚投入社会主义事业建设中——成为一名优秀的纺织女工。很快,组织分配一间只有 13 m² 的屋子,她成为首批 1002 户入住普陀区曹杨一村的住户之一。与她一同搬到这一新村的一线工人、劳动模范和先进工作者,都是经过层层选拔,政治过关。这 1002 户人家是幸运的,也是光荣和自豪的,他们来自 217 个纺织厂和五金厂,分布在普陀、闸北、长宁三个区。每个工厂只能分到四五户入住。这种分配方式背后是示范的力量。首批住户被当作最为真切的榜样,向自己身边的工友们,展现着生活的光明前景:让我们一起好好生产建设,大家将来都能住上这样的房子。

新中国成立的 60 多年里,几代产业工人先后居住在工人新村里,这些新村大多建造于 20 世纪 50 年代,建筑风格相似,辐射范围广泛,统称为"两万户"。"两万户"住宅是在 1952 年,由苏联城市规划专家希马柯夫等指导下完成的,参考了前苏联联排式集体农庄的模式,砖木结构的两层楼房,水、电、煤俱全,每 5 户合用厨房和厕所。在建造型制上由最初的二层或三层楼,发展到后来的五层、六层的楼房。杨浦区曾有许多的工人新村,如鞍山、凤城、控江、长白、工农新村。其他不同时期的工人新村散落在全市各处,如长宁区天山新村、徐汇区田林新村、闸北区彭浦新村、宝山区钢铁新村、浦东上钢新村,等等。

从摄影师的角度看,工人新村属于较难拍摄的对象。首先,工人新村有一种固有的思维习惯,工人新村担负某种使命,活化石般地存在于那里；其次，工人新村的建筑形态有一种集体归属感。进入这个场域，摄影师手拿相机伺机瞄准人家，成为一种未开言先冒犯的架势，令双方进入不安之境，除非我们一开始就确定自己需要获取那份"不安"是什么样子。"鸟头"适时出现了。

"鸟头"组合（由宋涛和季炜煜组成）是上海一个土生土长出来的摄影二人小组。他们的组合见证了"新村"从"真正是新的"到只有名字被叫作"新村"的老式城市居民住宅群落的过程。"鸟头"作为工人新村中的一分子，他们二人将属于同龄人的感受曝光、潜影到《新村》里，这本厚厚的画册，里面楼上楼下，里里外外，虚虚实实，甚至自己的身体也拍进画册当中，通过照相机这种看似客观记录的摄影方式，他们以最真诚又最狡猾的方式完成了对"新村"的再认识，新村也就此被涂抹上一层异样的色彩。他们一边满足公众对"新村"的集体性记忆，一边又去剥离人们固有的常识性认识，这是他们对上海工人新村的一次缅怀，也是一次告别，甚至是逃离。"新村"，社会主义国家意识形态的产物，方方正正，灰灰黄黄，一式一样的块状刻板建筑形态，在他们的底片中呈现出来的总是不那么规规矩矩的，甚至扭曲变形，但又认认真真的无厘头，这也同时印证了工人社区衰败的真正原因是工人群体在国家产业转型过程中被逐渐边缘化，上海这座城市从制造业向商业社会转型过渡。随着1990年代以来的国企改革和工人下岗，工人新村昔日的荣耀被另一种生产方式和价值取向所替代，这是时代齿轮转动的力量和结果，个体几乎无法选择，唯有随时代共进退。

在沪语语境中，工人新村里的道路也会被统称为弄堂，但是与中西合璧文化碰撞的石库门弄堂有着很大的不同，这不仅来自对一个地区规划、建筑风格的考量，在心理建设层面，都受到上述因素的影响。

我在愚园路生活多年，第一个房东的父亲是长宁区某新华书店经理。弄堂里有四排典型的石库门房子，我住在19号的三楼，二楼大门上张贴"以马内利"，一楼住的是大家陈姓教师，路上遇见点头示意，客气中保持边界。有一回，我养的一只流浪猫怎么也找不见了，心想总归是野猫，养不家。不料，次日中午二楼女主人突然楼梯口喊起来，"三楼，来看看这只是不是侬屋里厢的猫，跑到我家橱顶上头"。我迅速下楼查看，果然是。阿姨一句抱怨的话也没讲，真的一句没有。只是突然见家里出现一活物，将她吓得不轻。之后楼上楼下见面，竟没之前那么生分了。

后来，弄堂口新竖起一块铭牌，上面写着解放前这条弄堂里曾经活动过的国民党国防部次长吴石中将，也是我党的秘密地下党员。吴赴台潜伏后，不幸被叛徒背叛，事发被害。旧居成为长宁区爱国主义教育基地，供人参观缅怀。

再后来，我搬到隔壁弄堂，房东是仪表局某科员。这栋房屋建造于民国二十七年（1938年），属于公寓楼（Apartment），是一幢三层的西式住房。因20世纪70年代人口暴增，三层楼加高至四层，每间房塞满人，公共区域重新划分，厨房卫生间由独用变成合用，原先的老邻居尚好处理，我等新租户，往往受到欺负，一不当心，极易矛盾升级。

某夏日，我将一双汰清爽的球鞋放在西边公共窗台晾干，一转眼球鞋被挪至洗衣机上。不解，追问邻居。当事人妹妹告知，"阿拉姐姐拿的"。但为啥如此，不响。据说，此前两家积怨已久，后继入住者被世仇拖累，关系依旧紧张难解。这位姐姐70多岁，消瘦，齐耳短发，着平底布鞋，似做财务，十分干练，做事习惯戴袖套，日常骑一辆暗红色凤凰脚踏车进出。这种弄堂生活因居住空间逼仄，向外扩展新空间尺度有限，导致人的动物性领地意识十分强烈，往往锱铢必较，这是生活里另一种艰难的地方。

愚园路这一带虽不断趋于商业化，但旧街区依旧保留完整，长住民仍在，呈现出来的市井烟火气息真实丰富，这使得观感大大增强，摄影也有很多发挥余地。这里可能是纪实人文街中最好拍的区域之一。它不像武康大楼一带，多为深宅大院，人是走不进去的。

上海弄堂的第三种面相属于棚户简屋，房子多属于私有财产，自营建造。在 2020 年前尚有不小存量，这几年土地资源稀缺，尤其是市中心的棚户区，逐步被改造为高档商品房小区。普陀区中远两湾城的前身是"两湾一宅"（潘家湾、潭子湾和王家宅），20 世纪 80 年代，这里的生活没有供水、时常停电，家家户户使用煤球炉烧热水，或是去老虎灶买水。虹口区瑞虹新城的前身是虹镇老街，历经 24 年的旧改工作，华丽转身，成为上海的高档住宅区。

2018 年我去台湾旅游，途经高雄市，走在那片街区，路面不宽，街道两边的房屋四至六层高，与街道的尺度相匹配，感觉亲切、自然。城市旧旧的，居民门户敞着，一些零售店或小吃店散落在街角，一切看上去懒洋洋、慢吞吞的。当我拿擦刮蜡新的上海与之对比时，发现并不合适。或者反过来说，上海显得太闹猛了，哪儿哪儿都是人，以至于都无法看见街道本身的样子。

回到上海，猛然意识到，高雄的那片街区模样，与虹镇老街天宝路两边的房子外在形态上颇为相像。两地房子自然生长，各家面目相近，但是又有各自的性格，不像后来建造的商品房一栋栋一模一样。人住在里面，受到建筑形制的制约，容易同质化、概念化。高雄街道上的样子不正是生活本来该有的样子吗？

虹镇老街，像是上海的一块飞地、一处草莽之地一样。这里人口密度极高，弄堂排布极其不规则（源于这一地区水系发达，河流丛生，弄堂一般依水系排布），更为狭窄，伴随着生活设施的简陋、教育水平的低下，使得生活在这里的人身上有一股"江湖气"。这一地区接壤杨浦区，工厂多，组织纪律性强，又有着同乡情谊，容易结帮抱团，使得外部人员进入密如河道的小弄堂，一旦迷路，心便不安起来。弄堂岔口的低矮窗口突然会有一双眼睛望着路人，让人不敢对视。凶险感陡升，加上它的传奇，恐怕这便是外人不敢随意闯入的主要原因。

有人说虹镇老街像香港的九龙城寨，我没有去过九龙城寨，通过网络看过多次，外部形态确实很像。不仅街巷的格局、空间、密度、居民的生活方式和精神状态像，甚至隔着屏幕都能嗅出相同的气味，应该与上海的虹镇老街差不多，一样是被城市"遗忘的角落"，一样是草莽气息。

弄堂摄影作品展示

1994 年 6 月
天宝路，虹口

1993年9月
绍兴路,卢湾

1993 年 11 月
天宝路，虹口

1995 年 9 月
北站附近石库门建筑,原闸北

1994年3月
交通西路 - 平江小区,普陀

1993年6月
大木桥路，徐汇

1993年11月
四川北路,虹口

1996 年 3 月
海宁路,虹口

1995 年 12 月
吴淞路，虹口

1995年5月
天宝路,虹口

1996年1月
汉口路,黄浦

1996年9月
宁海西路，黄浦

1996年3月
天宝路，虹口

1994年3月
张桥路，虹口

1994 年 3 月
东新路,普陀

1994 年 3 月
东新路,普陀

1992年11月
四平路,虹口

1994 年 10 月
塘沽路，虹口

1994年12月
复兴中路，卢湾

1996 年 8 月
横浜路，虹口

1996 年 9 月
山西北路 - 菜场,静安

1994 年 3 月
交通西路 – 平江小区，普陀

1996 年 7 月
四川北路，虹口

1994年10月
惠民路，虹口

废墟

Ruins

废墟景观：上海1990年，过渡年代的风景

2023年，著名摄影家陆元敏在接受电视媒体采访时说，"拍到现在没有发生被人家拉出底片的事。"陆老师在1990年代初拍摄《苏州河》的时候，我们常常结伴而行，我证明在拍摄《苏州河》专题这一时期确实没有发生过这类尴尬事。但是我手里也有证据，1993年11月在东台路古玩花鸟市场，我和他同时按下快门，惊扰了取景器中一年轻貌美的女子，人家起身上来盯牢他，要求删掉照片，板着面孔，没一丝可商量余地。旁边瞬间围上一圈欢喜轧闹猛的人，还语重心长地教导一番："没经过人家同意（街头摄影这种创作方式都要经过你们同意，照片还怎么拍啊），勿可以瞎拍，懂伐？""啥单位，工作证有伐？""照相机不错嘛，海鸥的，我也有一只"。眼见相机里的胶卷保不住，陆元敏拿出一张"记者证"，试图免遭底片被拉出曝光厄运，但"记者证"被人群中伸出的一只手没收。事后陆老师说，当年这类"记者证"等同于报社通讯员供稿凭证，是当时报刊向摄影爱好者提供，方便采风所用，工本费30元。"那个年代上海真有意思，哈哈。"这是陆元敏摄影创作爆发期时发生的事，也是大多数上海人对那个年代的记忆和评价。

这事让我认识到群体的觉悟力量带来的生理性压迫。依照苏珊·桑塔格（Susan Sontag）的剖析：摄影归根结底是一种冒犯他人的行为。是的，我同意。可是，摄影的本质从一开始肯定不是为了获得"冒犯"这个结果，"冒犯"，可视为摄影行为过程中几乎不可避

免带来的副作用，也可以说是戏剧中设置的一个冲突。在还没有拍到足够多的好照片时，似乎也不能因为上述这一原因将摄影停下来，去冒险尝试换另一种艺术表达方式。摄影毕竟是有趣的，不是吗。

我与陆老师同时按下快门的那张照片被幸运地保留了下来，每次他看见那张照片就会笑起来，打趣自己并一再劝告身边人，"拍照千万不要碰到这种事体，否则心情有得不好了"。可见时间这东西已经完全修补、愈合了当时留下的伤口，陆老师已然忘了此事在他身上曾经真实地发生过。即便想起，也是接纳了它。至今，陆老师依旧每日在外面拍照，不是为了坚持，而是他真的想拍照啊。前几日他委托太太在网上买了一只"海鸥"58毫米的老镜头，100多元，他开心得不得了，仿佛回到了40多年前摄影最初的模样，又去动物园，又去水乡，一路拍。

讲真，这种由摄影带来的特别体验感毕竟也丰富和加深了对日常生活的感受，这么看，照片本身并不重要，胶片被曝光这类事毕竟不常发生，乐观地看，它甚至反向刺激摄影师也可避开都市中的人群，转向将镜头对准无人的街道，开辟出一条新的观看之道，创作出全新的视觉语言。在我有限的视野所了解的三位摄影师，他们一致将镜头不瞄准人类，一样创作得津津有味。比如，法国摄影师尤金·阿杰特（Eugène Atget）镜头下的巴黎街道、德国摄影师托马斯·斯特鲁斯（Thomas Struth）瞄准杜塞尔多夫城市街道，以及日本摄影师中野正贵（Masataka Nakano）拍摄的《无人的东京》（TOKYO NOBODY）。在他们的镜头前，城市失格，街道空无一人，作品展现出精湛的技术和强大而克制的客观性（其实是更主观）以及无与伦比的超现实，使得我们从容又不安地观察眼前的城市——人类的生活。

上海的生活又是怎样的呢？

我想用照片来回应。选择这些照片做出版物来自我前年新建的三个文件夹，它们分别是"城市废墟""马路上面""弄堂里厢"。20世纪90年代上海进入大规模的城市改造，这是新中国成立后上海第一次获得这样的机会，也可看作是对以往生活的一次补偿。比如，2000年前，著名商业街——淮海中路一到夏季台风暴雨天，必定发生内涝，"市政欠债太多，很多下水管道使用的还是解放前外国人设计建造的，管道口径小，无法负担现代人的生活排水排污"。这是上海市政工程管理局原局长侯仁民曾经对我说的，他说这些话的时候已经从局长退位多年，正带领一批处长、专家编纂《上海市政工程志》，我在他手下的手下打杂，那年是1996年。

随着东方明珠电视塔的增高，城市可以用"野蛮"来形容它的生长。资本流动、人才聚拢、政策倾斜、人心雀跃，一夜之间，整条整条的马路被剖开、铺装管道、缝合，又剖开，埋设电缆，拉链般开开合合，好不热闹。整排整排的旧式里弄，甚至花园洋房被推倒，建造起商品房、写字楼。拆与建同时发生，一度形成了奇异的景观。废墟，所带来的视觉上的崩溃与毁灭的意象，转眼便被程度不一的承诺抚平情绪或加速失控，废墟之中肉眼可见的伤感和兴奋、陷落和挣扎、梦想和野心，戳心戳肺，又欢欣鼓舞。废墟景观成为我的摄影创作的对象，也是起点，也由此派生出"马路上面"和"弄堂里厢"另外两个潜在的摄影方向。

2003年顾铮老师看了我的"废墟"照片说，"你的废墟里没有伤感。"是的，在废墟还未成为废墟之前，人是来不及伤感的。在群体性的狂欢路上，队伍中出现一个未能适时展露出笑容的那个人，是奇怪的，可耻的，甚至毫不夸张地说是危险的。让出旧居而移居他处,在一种全新的生活方式还未打开之前,人在废墟上是慌张不安的,这种慌张不安又是抱着希望的底子所带来的,只是这个希望暂时还悬空,无着落,搅得人心又疲惫又亢奋。我的相机镜头看见了那些慌张和希望,它们从空旷的废墟上凝聚成风景,这就是属于上海20世纪90年代过渡年代的城市风景。

市中心八仙桥龙门路一带石库门山墙被工人拽倒,轰然坍塌扬起的尘土吞噬周边一切,延安高架路忽地全面扩散开来,形成的视觉效果刺激着视网膜和脑神经:一切要快,否则便来不及了。据当时电台新闻播报,上海每年有100万人,从市中心迁居到市郊生活,或反向移动,重启人生,有人怅然若失,有人信心满溢。这种物理性的可视变化,对于照相机所擅长的记录性功能来说,实在是一件便当的事。

回头看,当时的上海真是昏头六冲。打工仔,房子来不及拆,也来不及造;拾荒者,东西捡拾不过来;收旧货,货色多、价格低;搬场公司,运力开足,班次排满,后阶段涌现不少"李鬼"公司,上来低价竞争,中间浑水摸鱼,最后截留物品;苏州河上,动迁房淘汰下来的家具一船船排队接龙周转至他乡;于我,照片来不及拍,楼爬不过来,摄影创作可真是好时机,可惜哟,仍旧拍得不够多。不过,多少又算是够多呢,生命有尽头,上海永远拍不尽,我有幸拍下来的每一个瞬间都是幸运的,路上遇见的每一个人都是缘份一场。

在愚园路的辰光里做梦

　　太阳从城市高楼后面升起，起初还仅仅是昏暗的微光，一转眼，东方既白。其实日出并不是人们以为的那样。我们一直以为日出的状态是短暂的，甚至稍纵即逝，其实我们被自己的经验误会，日出之前，远方天色其实早已有光亮，近处的景物因眼睛逐渐适应周围光线，也依稀可辨，只是因为未受光照的部位在低色温的原因下呈现出来的蓝调，所以色调上显得暗沉，人们以为这是暗夜的一部分。我们有时候得睁大自己的眼睛，不被外相蒙蔽。相信自己的判断其实不需要依赖什么，当然，这不是倡导知识无用论，知识当然有用，甚至很有用，可是我们有时候会被意念、纪律、权利所约束，久而久之，我们的直觉开始钝化，失去常识性判断，甚至变得愚蠢起来，开始讲那些曲曲折折的话，做那些弯弯绕绕的事，浪费了好些时间。问题在于，这种时间被浪费被消耗，大多数人竟然和我一样清醒地意识到，仿佛干完了这件事后面就不再会出现一样的情况。一次次的妥协，直至成为日常生活中的习惯。有时候我们不免会不甘心，挣扎一下。我要说，这种钝化速度其实是惊人的，也许一场会议，也许一个电话，就能掀翻我们，我们在无数个会议和无数个电话之后，耗尽了身体机能，大脑终于跟不上四肢，肉身与灵魂开始分离，最终或自我救赎，或走向崩溃。我可怜的经验所能对抗它们的武器是作为人的直觉和感受力，它是上天所赋予的，是一种神谕，只要我们心平气和，就能接受到它，滋养它。我相信。这就像太阳对于地球的重要性一样，所以人类喜欢阳光远超于黑暗。阳光给予我们一种能量，我们日日接收这种能量，转换成一种新的动能，发散光和亮出去。那会是什么？美好，在每一个清晨从身体内生长出来。

清晨是一日之中最美好的时刻。

城市的清晨，在日出相当长的一段时间内，只要稍加注意便能察觉到，街道清冷依旧还未苏醒过来，起码周末清晨，我居住的大楼外面汽车声不似工作日那般轰鸣，甚至可以说宁静。隔着玻璃窗，我能听见对面槐树上的鸟鸣。要说听见，其实也并不准确。在听见鸟鸣之前，是我家灰猫耳朵向前竖起，眼睛一眨不眨地盯着窗外那棵树，嘴巴上下翕动着，呈现一副捕猎之状。它们的直觉早于人类发现外部世界的轻微变化。

每天清晨，我家的三只猫早就守在卧室门口，只要我闪开一条门缝，它们便嗖地一声串入阳台上，那里有大片的金色阳光等着它们。阳光洒在猫咪的毛发上，摸上去柔软又多添一层温热。接下来，一只叫"西宫"的黄白色狗蹲在我的餐桌边上，它是2015年5月4日我在上海沪西工人文化宫捡来的，当时它与另外两条病狗被宠物店遗弃在小树林里，最终，我和一对年轻恋人救活了两条狗。狗作为人类驯化历史最久的动物之一，已经很懂人心，每日晨起，"西宫"开始对我读心，察言观色，如果我不赶着去上班，它就那么抬着脑袋，目不转睛地望着我。如果感觉我将要离家上班，它便开始呜咽，并开始撕咬给它买的那块撕不烂地毯。我始终觉得，目不转睛地观望是一个好的品质，绝大多数动物的眼睛进化到这一地步，人类甚至不能察觉到它们有轻微的眨眼动作，它们的凝望让人类获得一种被尊重、被信任、被需求的角色。相比动物，我们人类在它们目不转睛的阶段，又大踏步向前进化，眨眼频次高和眼球转动过快看上去显得专注度不够，若再加上肢体不安，很容易显得心不在焉。我有一位忘年交朋友，她对我说，"小许，人家都讲我眼睛凶，能看穿人，侬讲要去配一副茶色眼镜吗？"我笑了。后来，到老她也没去配眼镜。她写得一手好文章，向往自由，拒绝被束缚，孤独地站立。去年，她与我告别，"我要去西班牙了，投奔女儿"。

掩饰，是作为人类进化不得已的一种修辞，一种生存法则或者技能。但猫狗的眼睛清澈明亮，坦荡直视，有时候我提醒自己得向它们学习，生活很复杂，也可以很简单。这是一日之中最先迎来的美好。

清晨的第一缕阳光最先落在院子里高大挺拔的水杉上，一眨眼，阳光便落在对面一座英式建筑的屋顶上，褐色的外墙被镀上一层金边。不一会儿，阳光又越过红色的斜坡屋顶，跨越了几根灰白电线杆，如果仔细看的话，二楼晒台上会有一只大白猫挤在两根铸铁镂花的栏杆中，它喜欢待在那里，假装睡着，其实大多数时候是望着下面走来走去的人。对于院子里每家每户情况大白猫一清二楚，疫情时期它叼走了我放在水斗里的鸡胸肉。大白猫脑袋上顶着一道黑杠，这是它们家族的徽记，它的活动半径惊人，我见过它最远跑去长宁区少年宫那边溜达，了解它的邻居提到它言语中都有几分敬意。这个季节，松果落在它面前的蓝色雨棚上，已经积起厚厚一层；松鼠有时候会顺着电线一颠一颠地爬上跳下，明目张胆又鬼鬼祟祟，越来越不怕人了；麻雀会不请自来到我的窗台，它们喜欢挑拣那只装着疏松沙砾的花盆，在里面打滚做沙浴，被我撞见，歪着小脑袋瞪着眼睛齐齐地望过来，一动不动，我若再往前跨一步，它们便嗖地一声齐刷刷飞走，嘴里发出像是恶作剧般的鸣笑声；窗外那棵老槐树去年夏末被工人过度修剪，瘌痢头般一副不乐意的样子总让人发笑，今年春季到来连珠颈斑鸠都不愿飞上去，它们宁可站在晾衣竿上扑打着翅膀。如果我居住的这间房不是朝东的话,我宁愿在窗前多待一会,无所事事地望着它们,挥霍光阴。我情愿一边慢吞吞地吃着早餐,一边让阳光笼罩周身,直到身体微微发热才起身下楼遛狗。"顺其自然地过日子是非常安宁的,不应背上懒惰的骂名",亨利·戴维·梭罗(Henry David Thoreau)讲得真好。我举双手赞同。

阳光落在马路对面"桃源坊"三个字上面,这辰光快接近十点半了,要不是梧桐树叶过于繁茂,阳光本该更早地亲吻那栋石库门过街楼。往常此时路上人来车往,但是周末这座城市还在沉睡当中,至少,城市西区的这条路是这幅光景。冬日里,两边的梧桐树枝干向上攀升,树叶凋敝,树干竟然能那么一节节地生长开去。阳光穿过树叶撒向柏油路面,斑斑驳驳,摇摇晃晃,一副惺忪的样子;马路不宽,街面似乎罩着一层雾气,将景物的色饱和大大降低,这就使得远处的景色变得更远,近处的又看不真切,迷迷糊糊,这是昨夜的眼睛还未能适应今晨的光亮;街道两边的店铺大多还没有开张营业,路上行人要不是上了岁数的人,要不就是推着车带孩子上附近公园的年轻父母,他们都不赶时间,走走停停,加重了这种昏沉感。这种昏沉不是昏睡不觉的意思,是那种清醒中带着一些醉意,清醒于阳光逐渐增强带给视网膜的刺激,一点一点传导到脑部神经,醉意则是不舍出这份朦胧气息带来的清美诗意。人渐渐开始苏醒,街道自然也就无法沉睡下去,面对长长的一日时辰,城市终究不能虚度光阴。阳光照耀,街道愈发明亮起来,此时身体发热,元气充盈起来,我知道里面已经长满力气,大脑频频接受外部信息,飞快地处理。但是,此刻我始终没有伸手去裤子口袋掏出手机的意愿,我知道,只消瞟上屏幕一眼,立即会触电般地清醒,这一天几乎要被毁了,气定神闲瞬间被偷走。这恐怕是当下大多数城里人的生活常态,这也是为什么年轻人越来越向往乡土生活，有人说这是躺平，在我看是向往更高级的精神性的东西。

这个世界正在按照某种程序加速往前发展，我们要不要让自己轻易进入这个游戏，还是后撤一步，保持距离观望，抑制欲望。有时候我会想，我们对一个未能实现的目标，如果丢弃自己的原则和理想，实现这个愿望，将会怎么样？

花有重开日，人无再少年。

想了一夜，时间到了。

想了一夜，任何事，物极必反。

想了一夜，形势逼人，或死于沉沦，或加速觉醒。

想了一夜，没有永恒，每一刻都是刹那，也没有时间，每一秒都是上一秒的流逝。

想了一夜，形式大于内容。

想了一夜，所有的艺术都被过度阐述了。

想了一夜，若身边有人挣扎着要追求自由或理想，难道我们不曾有过在心底狠狠干笑几声的时候。

想了一夜，在今日，倾听是一种美德。

想了一夜，在今日，谦逊已成为一种罕见品质。

想了一夜，我之所以这么想，为了证明自己还有力气与这个世界背道而驰。

入睡，变得越来越困难，对明天的事也越来越没有把握。

人类文明带来的最大改变是夜空这块黑幕不再被拉上，即便黑夜来临，我们也能够看得一清二楚。起码，城市的夜空是这样。如果说，黑夜可以隐匿罪恶、隐匿秘密、遮掩伤痛的话，那么现在看简直要重新掂量，再暗的夜，也有人在路上为生计奔波，消耗着身体里的热量和不良情绪，更不要说流浪汉最喜欢在这段时间出没，这是他们在一天当中唯一自由自在的时间，也是他们成为城市主人的一段宝贵时光。网络上，此时的屏幕在周围黑暗的笼罩下，荧光闪烁，照亮每一张面孔。这是一天中我们最接近真实的一刻。有的面孔还处在白天出门做客的状态中，没能完全恢复过来；有的面孔已经换成一副真的假的面孔，让自己走到更深的夜里。如果黑夜还有秘密的话，那也是事先公开的秘密。如果有真相的话，那也是掩饰不住的谎言。

　　生命在一夜夜酣睡后被一次次唤醒，人们总是相信明天会更好，心底一直有一份希望在支撑着。

废墟摄影作品展示

2005 年 4 月
陆家嘴，浦东

2003 年
徐家汇路,卢湾

2005年3月
陆家嘴,浦东

前跨页
2005 年 8 月
豫园商城，黄浦

2003 年
莫干山路，普陀

1996年1月
南京西路，静安

1993年11月

1993 年 11 月
宝山路，虹口

1996年3月
西藏中路，黄浦

1999年3月
延安中路,静安

2006年5月
新永安路,黄浦

2002 年 8 月
延安西路 - 华敏世纪园,静安

2002 年 10 月
宜昌路（上海啤酒厂旧址），普陀

左页
2002 年 10 月
宁海西路，黄浦

2001年7月
天钥桥路,徐汇

2001 年 10 月
石门一路,静安

1998 年 10 月
石门一路 - 地铁二号线，静安

1994年8月
南北高架路,静安

1995 年
南北高架路，黄浦

1996年2月摄,虹口沙泾港远眺四平路
沙泾港路,虹口

左页
1996 年 6 月
乍浦路，虹口

2002 年 1 月
东大名路 - 北外滩，虹口

1999 年 8 月
金茂大厦，浦东

回望

Retrospect

有意味的形式

我的大学生涯始于20世纪90年代初,除了基础美术训练尚存一些印象,关于摄影的知识几乎全部还给了学校,这倒不是说那时候学了很多东西,而是上海摄影教育基础薄弱。可是,在学校里却有这么一句话让我受益匪浅,是:"有意味的形式"。听后,我呆若木鸡。

"有意味的形式"是英国艺术理论家克莱夫·贝尔(Clive Bell)于19世纪末在《艺术》中提出的美学观点。他的观点在西方产生了广泛影响。我在2000年后的日常工作中频繁地接触到互联网,方获知上面普遍的观点。

贝尔认为"有意味的形式"是美术作品中各种"形式因素"(例如线条、色彩等)的特殊结合,这种形式既让我们了解客观物象,又帮我们创造审美感情,是所有视觉艺术中普遍存在的特质。也就是说"有意味的形式"是艺术家主观审美情感的表现和创造,它可传达创作者的感情,并且独立于事物之外,是一种新的现实。它是艺术品与非艺术品在本质上的区别。而审美活动是对这种有意味的形式的观照。

贝尔的这种美学观点,与当时的法国摄影师亨利·卡蒂埃-布列松(Henri Cartier-Bresson)创造的"决定性瞬间"理论之间的理论基础并不一致,但他们在那时一并涌向中国。他们之间传递出来的艺术观念都指向"有意味的形式",我们有理由相信布列松的"决定性瞬间"理论受到过贝尔"有意味的形式"的影响。贝氏的艺术观点,既让我们去了解实物,又创造了审美感情,布氏则在毫秒之间实践并创造性地发展了它的这一理论。马丁·芒卡西(Martin Munkacsi)拍摄的三个黑人少年奔向大海的背影深刻地影响了布列松对摄影的理解,之后他用实践去塑造和证实"决定性瞬间"理论带来的形式感。马丁·芒卡西的其他摄影作品没能显示出让布列松所赞赏的形式感。

上述的阐述部分来自当时的课堂笔记,囫囵吞枣,半信半疑,在当时也没有任何一种其他艺术主张可以去比较,去检视,更谈不上去抵抗。全盘接受,上街,拍起来再说。

随着布列松的这一理论在中国获得广泛的传播,众多摄影爱好者趋之若鹜,积极实践。自然,对于国门刚刚开启的中国,布列松的"决定性瞬间"理论几乎不涉及意识形态层面,也较少渗入社会肌理,接纳他是自然而然的事。时代发展到今天变得越来越复杂,摄影也变得越来越复杂起来。摄影圈关于什么是纪实摄影讨论了30多年,当前纪实摄影已然转向当代艺术、当代摄影,这使得情况更加复杂。

国人大都中庸、含蓄,但也有极端、固执张扬的一面。摄影作为工具,它容易上手,有简单性的一面;摄影作为艺术,有它复杂性的一面。这种简单与复杂,本质上作为工具化——照相机背后的人起决定性的作用。事物,总是呈现出它的两面性,有时候显性出来,有时候秘而不宣。

人类作为宇宙间的一个生命体,习惯于眼见为实,而对于看不见听不见,需要心灵去感受、感应的物质,很多时候处于茫然不知,不知不觉或恐惧不安的状态,很难进入生命体的意识、精神层面。日常中很多的隐秘,在遇见对的人和"物"自己会表达。中国有句话,叫"大美而不言"。此"不言","物"可以说在表达,也可以没有,它取决于观者的心,即"美"被感知。

我天性愚钝，诸事后知后觉。回望电视剧《繁花》里的 1990 年代，整个社会从计划经济转向市场经济，大把的挣钱机会散落在街头。1997 年春节前跑去海宁路 350 号国际商厦买了一块天梭手表，2050 元，犒劳自己，不过，那块表确实也蛮好看，复古又现代，一个青春的见证。可当年没有觉悟去购买股票认购证，30 块一张，我竟一张未买。我一直使用黑白胶片来创作，如果买了认购证，发了财，会不会就此改拍彩色照片？一度我喜欢在磨砂灯箱下观看反转片的高饱和带来的浓郁色彩，这种色彩超越现实生活，让人愉悦。

去年有人在网上问我，为什么 1990 年代还在拍黑白照片？我猜测，他的童年记忆一定是父母为他留下的彩色 5 寸圆角照片，夹插在柯达或富士、柯尼卡的简易相册里。缘何我不使用彩色胶片？

1991 年 9 月 4 日，我在笔记本上写下：

乐凯相纸，彩色胶片 21 定 13 元，黑白胶片 21 定是 2.75 元，27 定为 3.60 元。

更有 30m 或者 60m 黑白盘片，平均下来，每卷价格更为低廉，再加上后期自己动手购买药水药粉冲洗放大，可大大控制成本，这就使得在拍摄的过程中，遇到好的画面，不畏手畏脚舍不得按不下快门，而错失良机。当然，我不否认，当时的社会潮流也将黑白摄影视为更艺术的形式。显然，彩色胶片的价格属于性价比不高的选择，进口柯达、富士、柯尼卡胶片则更是贵得离谱了。说到底，就是穷矣。

彼时，西方摄影资讯仅能从极少的摄影刊物上获取，其中台湾摄影家阮义忠的《世界摄影大师》《当代摄影新锐》两本书出版，由此让我辈窥见西方的顶流摄影师。印象中，这两本书所展现的几乎全是黑白摄影，也几乎快被我翻散了架，至今它们被我保存在书架上。而上述同时代使用彩色胶片创作的摄影师，如美国人威廉·艾格斯顿

(William Eggleston)和史蒂芬·肖尔(Stephen Shore),并不出现在上述两本书中,他们至少要再晚20多年才被介绍到国内。

其中《当代摄影新锐》介绍了美国摄影师哈里·卡拉汉(Harry Callahan)的黑白作品,粗陋的印刷呈现出来"有意味的形式",清新唯美,神秘迷人。卡拉汉作品中雪地上的小草姿态、扭动的树枝、叠加人影的街头景象,都是在极其理性下的凝视,经过他精确的提炼,所塑造的形式唯美抒情充满意味,这是走向摄影记录性的另一头——纯艺术。最重要的是富有哲理,但我最终没有走上他那条道。著名艺术评论家约翰·萨考夫斯基(John Szarkowski)曾评价,"他的作品的情感多属于北温带的上端边缘的一种"。确实,我喜欢他作品中传递出来的那种普遍的冷感,这恰恰与上海1990年代开始升温的社会生活气氛相悖。上海属于亚热带季风气候,城市化的急剧扩张来自政府强有力的政策鼓舞,吸引资本、人才聚拢的结果,是一种可见的炙热。

照相机作为一种记录工具,在那时我与它相遇,如果不是它,也许会是某件乐器。之所以认为是一件乐器,而非其他,倒不是说我有音乐这方面的潜能。而是,因为没有,才想拥有。于照相机所制造出来的具象的、直观的纸质或电子图像而言,音乐始终在它的整个演绎过程中,是抽象的、无法触摸的(乐谱可视为说明书)。失去可视的存在"物"这个载体,音乐形而上地直接跃入意识、精神层面,通过打开耳朵去辨识,然后进入脑部某个地带,并游走到四肢神经,一部分敏感体质的人受此召唤,舞之蹈之,进入非常状态。而按下快门是为了获得照片这一实质的"物"为先决条件,这注定观者受到图片需要"看"这一行为的影响,因此,启动人类"看"的先天性机制作用,它先行一步进入到叙事层面,并在这一层面久久巡回、徘徊,甚至勾连陈年往事。一念生,万水千山,一念灭,沧海桑田，生生灭灭之间，纠纠缠缠，经此，人的意识方逐渐过渡到作品预设的某种情绪、情境当中——扰动心灵。音乐是一种感受方式，注重来自听觉的非理性层面，图像则受制于视觉的感官，强调对思维的建构功能。这是不是可以得出，德国哲学家瓦尔特·本雅明（Walter Benjamin）提出摄影的"灵韵"，在音乐层面，"灵韵"比摄影来得更快捷，更直接，也绵长，也更富有余韵。绝大多数情况下，音乐让人愉悦，当然也会有悲怆的时候，无论是愉悦还是悲怆，准确地说是带有挑动性的，它势必先于图像进入身体深处，最重要的是，音乐让我们相信世界会是美好的。

这样说也并非揭示摄影在音乐面前的短板，如果上述的表述被认为短板的话。摄影自有它的妙境，那就是在流逝的时间之河中，时刻保持对外界的觉察力，一经日常生活中露出"非常"一刻，手起刀落，并务必截断叙事，绝不可拉拉扯扯，将这一刻的情绪、情感超浓缩地封装到底片上，并且不在事后解释。

关于"有意味的形式"，当年许小平老师在课堂上传授的这个艺术概念，竟让我歪想：蚊子要来叮咬，它在抵达猎物的行动路线上划出一个"有意味的形式"，那是优美的、智慧的、狡黠的、攻守兼备的、虚实相间的、独一无二的，并有强烈形式意味的飞行弧线，一针见血。蚊子是嗜血的，也许是冷血的，但同时也是有它的意志和情感。它的"有意味的形式"决定是否能更好地获得那一滴血。摄影，毕竟有了那么一个主张，让生命的形式感可以更加跃动丰盈起来。

什么是好的照片

三年前看黄亚纪女士翻译的《决斗写真论》中有这样一句话描述摄影：摄影的行为，就是生命、机器、外在，三股激流互相冲成的格斗漩涡，一种深入感情与无意识、与混沌不清的人性本质的正面冲突。这本书是两位日本著名摄影家筱山纪信和中平卓马在各自领域对摄影的理解，"决斗"这个词在这里既有字面较量的意思，也有一种对过往的艺术实践自我审视的意思。

首先，回到二位摄影家的那番言论中，我料定他们必定是深谙街头摄影本质的家伙，也必定具备极为丰富的街头艺术行为的实践与深刻的洞察和思考。如果摄影在这里算是一种艺术活动的话，那么，作为借助科技产物照相机这个机器是必不可少的，它被提到上述"生命、机器、外在"的第二位置点的地位，但是作为画家、书法家鲜少提到创作的提前需要一支多么好的笔或纸。这是摄影艺术需要重视工具论的地方。需要谨慎的是，虽然聊器材有时候确实是一件令人愉快的事，但是不得不承认照相机在很多时候被提到太重要的程度，人几乎成为机器的仆人。因此，相机什么时候被提及，以及提及的程度和范围，取决于所拍摄的物象和主题。大画幅相机或 35mm 相机，不仅是拍摄方式的不同，也是观察世界、认识世界、理解世界的态度不同。这样看，利用相机进行创作这种艺术活动，确实有别于其他艺术创作方式，影响作品成败因素之一。

其次，是摄影行为伴随的生命意识。这一行为注定跟随街头摄影的一系列动作而发生，这一动作或行为又先行取决于创作者的想法、态度，或者说思想。是温和的、热烈的、浪漫的，还是精确的、理性的、或偶发的，甚至是坐公共汽车、骑共享单车，或吃住在一体的房车，都会影响摄影的创作方向。创作者持有摄影的热情、勇气、决心与其自我生存状态有关，与对生命的感悟有关，也与生命的基因有关。借助"机器"这一工具搞艺术，在观察世界过程的同时，也在激发或者说激活身体里的觉察力，尝试一次次地去召唤"本自具足"的灵性。这种灵性是生命的奥秘，本质上是每个人与生俱来的，它是自然的，不用去追求也不会消失，但由于受到所处的环境和社会等各种因素的影响，这种本性就逐渐迷失隐匿起来了。艺术可视为建立起一条与生命对话通道的可能。我认同日本摄影家在书中的某些重要观点。

小时候，我常常能看见天空中出现的白云造型，幻想并快速编织出各种故事出来，这是本性未被泯灭的前夜，在我家隔壁邻居韩老头眼里，"不听话的孩子，最后都要去天上推白云"。我知道他在吓唬我，可是我心里其实很乐意上去推一推。

最后，"生命、机器、外在"的最后一环——外在。外在就是街头、马路等外在环境，当然，再大一点可看作为天地宇宙。各种相在外，五光十色、目不暇接，极容易被外在形象声色所迷惑。要什么，不要什么，时间切片中截留下这 1/125 秒，而非那 1/125 秒，电光石火，稍纵即逝，况且还有那些肉眼所不可见的暗物质，难以捕捉，所以《决斗写真论》那书中的作者筱山纪信和中平卓马说，"生命、机器、外在，三股激流互相冲而成的格斗漩涡"，拍好照片，真是不易。生命，通过机器（照相机）去外部世界格物，抵达澄明之境，当然日本民族性格中的浑浊、暧昧是澄明的另一种表现形式。我认为，最终，要通过"外在"去抵达艺术家预期的设想。

再说机器。我现在常用中画幅数码相机来创作，了解摄影的人显然清楚它并非街拍最好的机器，甚至在面对复杂动感时刻会错失良机。我的第一台海鸥 DF-1 与中画幅数码相机一样，都能将我拉回到摄影最初的状态。作为街拍行为，这两台机器都不算灵巧，甚至有点笨拙，而这种看似的拙，却适当延缓了机器快速响应带来的敏捷应变，克服了部分不必要的灵巧机敏，这反而调动了大脑面对人的自主性的强调，使得摄影回到最初状态。混迹于人海之中，与迎面而来的生活相遇，在那一刻去感受身体中的直觉在放大。摄影唤醒你身体里的觉察力。

我相信，善于街拍的日本摄影家森山大道一旦找到行走江湖的利器，仗剑走天下，不会再贪恋各色"机器"，在他眼里除了称手的家伙，其他恐怕就是一块块具有美感的金属材料，本质上它是寒冷的，需要肉身去温暖它，方能身心合一，知行合一，眼到手到。我也思忖，森山大道不会过于在乎他所代言的相机对焦的快与慢，他对每一幅画面的摄取，都是生命意识在那一刻受到"外在"物象的刺激而按下的快门，相机则是他体内长出来的触角，触角没有快慢之分，只有敏感程度的不同。

常听人讲这两个观点，我认同一半。一种观点多在摄影发烧圈发酵。一般引用 20 世纪著名战地摄影师罗伯特·卡帕（Robert Capa）的一句名言："你拍得不够好，是因为离得不够近。"于是，在街头摄影，极力推荐大家选择某款小型化的相机，以便有效地降低对被摄者的压迫感。这是一种唯器材论，其中有被商业利益所裹挟的成分，不明所以者，往往被这句名人名言压倒。卡帕所言"拍得不够好"是在战争非常环境的语境下，他作为战地记者需要让公众看清（实则感受战争）士兵在极度危险的时刻，人类的勇气和胆怯，进而对生命珍惜。我们当下绝大多数人的生活远离战争，过着寻常日子，摄影是在 3m

内完成构图，还是5m下按动快门，都是自我内心对外部世界的投射，不用一味远离，也不用刻意靠近，惊着他人，吓着自己，徒增慌乱。卡帕在20世纪初所言"你拍得不够好，是因为离得不够近"在今天或许可以理解为："你拍得不够好，是因为不够亲近照相机和你的被摄对象。"另一种观点则是要"陌生感的照片"。6年前我第一次听到这种提法是在沪上某新媒体会议室，一位S姓领导对其手下一众新闻记者分享他的摄影认知——"陌生感"是新闻好照片的首要标准。之所以讲首要标准，其实并没有其他任何摄影理论支撑他，更谈不上实践。这里都不能称之为理论，一个拿来主义的概念罢了。S所谓的"陌生感的照片"，带有一定程度上的寻找奇观的成分，是一种直线思维的结果。会后，部分摄影记者和图片编辑嘀咕，在新闻层面好照片的标准本不是应以新闻学的规则来认定的吗。

　　新闻学对好照片的定义有很多。广义的好照片和新闻意义上好照片又有所不同，无论是哪种角度的探寻，都不应忽视从创造新闻好照片背后的人说起。从职业的角度来说，价值观引导从业者的新闻观。这个价值观有执政党的执政理念引领和要求，也有个体的人生观、秉性和趣味发生作用。新闻记者通过甄选新闻事件并抵达现场，用影像去还原现场，同时在一定程度上展现其所在媒体的价值观，进而呈现出它的时代性和社会性，使得这一事件图片不仅满足新闻要素的发稿标准，也在日后成为史料价值而不朽。从个体的角度来说，通过报道的新闻事件，将自我价值投射其中，虽然这样做并不容易，这也是一代代优秀新闻工作者被理想的光芒所召唤，坚持再坚持。也许有人会强调新闻的客观报道，不应将个人价值投射其中，然而在实际操作上选择做什么，不做什么的时候，已然有了分别心。做新闻，需要有态度。

　　1999年我从自由摄影师转向职业摄影师，摄影记者，这真是一份体力活。几年下来，一定会伴随身体机能不同程度的损耗，某些非常时刻需要求助心理医生。我见到身边在这个行业长久坚持下来的人，他们在理想主义的感化下，选择投身参与中国现代化进程当中去记录美好的，也去揭示丑陋的。也有转投它行，另谋生路的人，无论什么选择，来自内心，都是最好的选择。如果说有什么功利色彩，恐怕就是作为人性中那一份可怜的虚荣心——瞧，今天拍了一张好照片，写了一篇阅读量 10 万 + 的文章。无数次获得的好照片和好文章连接起来像收获了一串漂亮珍珠，仅此而已。清楚了上面这些，剩下的就是摄影技术层面的问题。

S 似乎还讲过"视觉冲击力"。"陌生感的照片""视觉冲击力"这类词更早地被广泛提及，都属于在快节奏的工作、生活当中，试图以标签化的方式解决复杂的问题。但凡是口号，在我们的基因里，容易形成伴随口号、标语裹挟而来的经验性自动链接，实质上是一种伴随着权利而来的压迫力的转移，这种操作效果短期有效，长期无用。事实已经证明，在当前商业领域，社交媒体，这一现象被广泛运用导致信誉丧失，人设坍塌，越来越多的人对外部保持戒备之心，同样，这种危害会侵蚀到那些严肃做新闻的人。

摄影（广义的）的本质是什么？答案很多，且看以下摄影智者如何解。

"摄影是感受爱和情感的一种方式。"——亚伦·西斯金德（Aaron Siskind）

这是从情感出发，提示持有相机的人，通过摄影的观看方式去感受生活，并接受馈赠，然后回到拍摄当中。

"照片是关于秘密的秘密，它告诉你越多，你知道的越少。"——戴安·阿勃丝（Diane Arbus）

这是关于照片从心理层面对摄影的打开，阿勃丝拿她自己的性命去创作，道出其中的秘密，最终也将自己杀害。她说的"少"，是要克制，这既是术，也是道，懂得留有余地给自己，让渡部分东西出来给观者自己去感受、去填充，这样摄影会变得复杂、多义。阿勃丝的摄影揭示，我们生存的世界不可知、不可控。人类要谨慎行事。

"摄影是非常简单的东西，而你要做到只是记录所看到的，然后拍下更多照片。"——艾略特·欧维特（Elliott Erwitt）

这是大道至简的庄子思想，这种简单是在复杂的对立面形成的，是茅塞顿开后重新打开眼睛，像孩子一样重新打量周遭，渴望抵达至纯之境。

"摄影是最简单又最具难度的媒介，说它简单是因为几乎人人可以胜任它的操纵方式；说它困难是因为出色的摄影需融入个人视角和标志性风格。"——查克·克洛斯（Chuck Close）

这是深谙摄影的两极——难与易的观点。难是真的难，易是真的易。这是绝大多数摄影人被止于进入艺术天堂之门的一道关——摄影需融入个人态度和形成标志性的风格。如果，我们将摄影看作艺术的话。

"即使能把摄取的对象拍得非常具有深度，但是感情的深度却是非常地浅。"——尤金.史密斯（W. Eugene Smith）

这是最具人文关怀的摄影师，这是他对第二次大战战后的世界摄影作品提出的批评。他于20世纪70年代初，深入日本报道水俣事件受害者，最终他的那些照片为公众赢得诉讼起到了无法估量的作用。1972年史密斯在拍摄期间遭到了暴力袭击，被7名工厂雇佣的打手殴打得非常严重，以至于"从手指到脖子的神经都被损伤了"，一只眼睛暂时失明，手臂无法举起。但史密斯还是选择继续拍照。

有一段时间，当他无法抬起手臂按快门时，就把快门线含在嘴里进行拍摄。

显然，"陌生感的照片""视觉冲击力"这种标签式的口号将摄影推向简单化、工具化、暴力化的地步，甚至此刻与上述摄影大师进行前后比对呈现，有辱之嫌。但这也充分暴露出作为新闻摄影（当然也包含广义的摄影）本该具有的礼赞美好、揭露真相这一功能和使命被不断压制、变形、扭曲，而一味地去追求形式感、猎奇性，这使对人文关怀的理解发生偏移，甚至曲解，也远离了摄影的本质。

摄影的本质是什么？好好说话，好好做事，拍下即是记录的终结，拍下即是表达的开始。

那好的照片是什么？好的摄影作品，除了摄影本体的语言的提纯、精进，如果创作动机最终不指引情感，无法激荡起观者情绪的话，很容易落入纯记录性质的范畴里。当然摄影的客观记录本身也没有问题，老老实实做文献也需要有深厚的学养。如果确定将摄影创作算作是一门艺术的话，艺术首要解决的问题，应该不是拍得多清楚，多翔实，多漂亮，或形式上的夺目炫技，或一味依赖文本的解读推进。普遍的理解，好的艺术作品就是我们站在作品前那一刻的情感交流或者说情感交换，否则，人们买票去（好的）美术馆干什么呢。

摄影，小心地去铺设进入心理层面的阅读

摄影，就是一次次地向昨日告别，告别的时刻有喜悦，也会伴随着忧伤。影像本身随着时间的流逝而消退、消色，甚至消失，与此同时，记忆被唤醒，也许是喜悦，或是忧伤。日本摄影师荒木经惟曾这样描述过观看照片带来的心理感受：观看照片上远处的小小身形的人物会带来伤感，而观看近处的人物总是呈现出喜悦之情。这是深谙摄影观看之道的家伙讲出来的话，他捣鼓出来的东西与其说是一张照片，不如说是通过这张相片让你进入到他预设的情绪、情景之中，再由观看者调动自身的感受力，发起对它的诠释。摄影师要做的是巧妙地、谨慎地去铺设进入心理层面的阅读。

诗人北岛采用的方法是："从卖气球的人那里，每个孩子牵走一个心愿。"

摄影是一种视觉艺术，审美是摄影的第一道门槛。摄影，最重要是构图，最容易的也是构图。截取世界的一个切片成为一张照片，这几乎不是一个难题。我想表达的应该还不是这个层面的意思。

美国摄影师史蒂芬·肖尔 (Stephen Shore) 在一本书中提到这么一句话："照片的本质是对物质、描述、心理三个层面与模型建构的解读。""物质"相对比较容易理解，这个世界是由万千物质所组成，摄影师需要从中挑选出一个具体的对象来依托承载它的思想，这取决于创作者自身对外部世界的感受。"描述"则是对取景器中这一具体"物质"做形象的描写和叙述。这种描写和叙述能力建立在自身的知识结

构、审美意识和个人趣味之上，它具有决定性的因素，或成功或失败。事情进行到这里，如果拍摄失败，照片直接被扔掉。如果不那么成功，这类照片多沦为三流或不入流的行列。"心理"层面则涉及心理学、精神学、宗教等非物质的力量，这就是人们常说的艺术家脑子，这让我想到卡拉瓦乔、梵高。

"物质"和"描述"可以理性地、科学地。我猜想，摄影师肖尔在构建上述"物质"和"描述"这两个要素的同时，在可能的情况下，他设法建立起与自我、观者之间心理层面的渗透、交融，并为此尽力去暗度陈仓——设置、连接——抵达"心理"层面的各个位置点，这使得观看变得既复杂又简单。复杂是构图、构成之形式的需要，创造出一套崭新的视觉语言以有别于他人。这里的视觉语言可以使用另一个单词"形式"来替换。"形式"甚至在某种程度上即为内容或内容的一部分。这是任何一种艺术都需要面对的，任何一位有野心的艺术家都私下设想过多种方案并实施，最终能成事者寥寥。艺术终究是不简单的。简单，则是在这种形式语言之下，设置了观看门槛，同时也建立一种观看之道，这是较为隐秘的部分，具有一定的迷惑性。这是艺术的门槛。因此，肖尔所设计创造出来的作品变得赏心悦目（不是为了单纯好看），无论是线条还是色彩，画面中常常有纵向的竖线，要不就弱化纵深感，等等。观者的视线较不容易在他的作品某个点位停留，导致观众不得不跟随他设置的"视觉模型"而游走整个画面，包括它的四个边线。肖尔的"视觉模型"核心来自他对画面结构的能力和控制力，而非构图本身，有经验的观众站在他的作品面前，会想象他在未按下快门之前，也许会前后左右长久地去寻找那个结构点，也许瞬间他便下定决心。

无疑，肖尔是智慧的，甚至是狡黠的。他的视线投注的多是美国城镇，在他的相机前方是美国大地，这是选择以此作为"物质"和"描述"的对象，加上"心理"层面构建和渗透，用这三个要素来塑造美国文化，并向全世界摄影爱好者抛出谜面，等待他们自己去解开谜底。我相信这个谜底恐怕不止一个，不同国家、地区种族的人，根据其民族特性、文化心理、个人知识储备和趣味，将得出不同结论的谜底。有趣的是，摄影人感兴趣的是他对画面结构、色彩的控制力，或者说也止于纸面这一层，而其背后传达的意义反而倒是深究不多。从这个角度上看，我个人倒是更加偏爱肖尔的前辈沃克·埃文斯（Walker Evans）。沃克·埃文斯一上来就直指美国精神，画面严谨又朴素，技的能力被他掩藏在纸面背后。

摄影于肖尔，就像是一场游戏，一种不同于法国摄影师亨利·卡蒂埃-布列松（Henri Cartier-Bresson）的决定性瞬间的新视觉游戏。日本摄影师荒木经惟也早就参透其中玄机，将摄影玩得出神入化，照相机对于他来说就是一个玩具，可玩性十足。在荒木先生那里，摄影是既认真又游戏的事情。当摄影沦为一个游戏，人生于他也是一场游戏，因此，荒木出现在公众视野里的形象常常是半疯半癫、嬉笑怒骂，人生认认真真地玩得很精彩。我没有专门研究过上述两位摄影家的成长背景，我猜这恐怕与他们少年时期的成长环境有关。

我从小在老师眼里是一个乖学生。"乖"不是我给自己下的定义，而是班主任家访当着一众邻居的面，对着我母亲讲的。这也就此埋下"祸根"，一个"乖"字几乎压制了我大半生的快乐，也导致我后来的摄影在规则下"乖乖"地运行，直到后来上大学对"有意味的形式"得理解，才逐渐懂得去挣脱这个束缚。

事情是这样的。1980年，我小学三年级，班主任留下二人打扫教室卫生，以准备开学。临走，她还留下一句话，打扫完后去她办公室报告。她眼睛一扫,选中了第三排的我,还有另外一名同学。很荣幸,我被老师选中,虽然那一刻她没有给予任何许诺,比如让我加入少年先锋队。我必须承认,那时候能加入少先队不仅仅是种被肯定的光荣,更是理想的召唤——共产主义事业的接班人。虽然对一个少年来说,共产主义事业是抽象的,不可捉摸的。回到打扫卫生,我们二人面对一个暑假房间里堆积的灰尘和一把完全不好使破扫帚开始打扫,中途,那同学便找了个借口溜了。这下我觉得自己争做好少年的机会来了,于是,奋力扬起那把破扫帚,一个人打扫一座教室,直到天黑下来,方才打扫完毕。我向老师报告,并获得表扬,母亲为此也十分高兴。我喜欢看母亲高兴的样子。

母亲的高兴很朴素,希望她的儿子听话、懂事、乖。母亲是柔弱的,就像她的小名叫小鸾一样,顺从安静克制,成长于北方家族父权的环境里,后追随父亲在新中国成立后来到上海生活。不幸的是,父亲很早过世,于是母亲变得坚强起来,并希望看见她的三个孩子依旧有出息。可是,这在1970年代是多么的不易,这或许是一代人的无可奈何。我听邻居小萍姐说,在那些此起彼伏的日子里,母亲还曾被人叫去居委会接受学习,其实是被严厉地训斥,并接受立壁角的处罚和清扫弄堂的任务。哥哥说他当时拉着母亲的手,一起陪着母亲受罚。多年后我哥告诉我,"他那时候三四岁"。我问我哥:"为什么?"他说,"听母亲讲过,许家祖上在解放前有几杆枪(兴许是打猎用的)、几头牛,属于富农"。

那次孤身打扫教室并未能迎来我人生的"高光时刻",直到后来我在路上捡到一只皮夹子,里面有20元人民币和一些粮票、布票,我及时上缴并找到失主。于是,很快学校批准我为少年先锋队队员,老师要大家向身边这种雷锋式的好少年(我)学习。我记得,在一个六一儿童节的早上，一个女同学在我脖子上系上红领巾。仪式结束后，我躺在学校司令台的垫子上，抚摸胸口的红领巾，仰望天空，多么蓝的天，多么白的云啊。直到那个时刻，笼罩在家族上方的成分阴影似乎在我心里消散开了。

扯了很多，有的没的，与摄影好像没什么关系，又好像有点关系，也许这样的性格底色多少会影响我的摄影作品吧。

在现实面前,节节败退

新冠病毒给我留下两个后遗症,一个是后背偶尔会疼痛并僵硬,医学上叫筋膜炎;另一个则是记忆可见性的衰退。为了对抗这种衰退,近年来我养成在电脑上随手写上几个字的习惯,以便再老一些的时候回看。我母亲在她生命的最后阶段已完全遗忘了我这个儿子,她曾经那么爱我,这让我意识到要记录下点文字。疫情期间我在家整理东西,一本"工作手册"里竟然留有我当年写的几段文字,有的是日记,有的是摘录别处文字。

1995年11月26日,观看电视机里播放的李泉的MTV《上海梦》,感想一二。在这个特殊时期,随着时代的转变,上海成为中心城市,在商品经济大潮前,人们心态不一。城市变得浮躁不安,到处是嘈杂声,广告图像铺天盖地——紧张、凌乱、倾斜、晃眼、喧嚣、一切都在摇摆中寻求平衡,又在平衡中再次摇摆。

选取上海典型事物来拍摄,营造气氛、把握瞬间中的快门速度。拟选外滩、重要商业街(大马路至五马路)、苏州河及上海的桥梁、生活气息浓郁的石库门建筑、各类交通标志信号等,利用不稳定的构图来配合上述内容。

那时候Channel V是一个国际性的音乐频道,又称星空音乐台或卫视音乐台。该频道主要播放主流音乐和一些点播音乐,音乐类型以英文歌曲为主,在一些地区频道也播放区域性语言的歌曲,在大陆与台湾地区主要播放华语流行音乐。Channel V的画风是颠覆性的,强烈的节奏伴随快速的转场，令人目不暇接，同时传递外部世界青年人的生活方式和价值趣味，给人带来全新的视觉观感。在当时被指认为亚文化，节目也多在夜间播放，然而在今天它已成为主流。时代在前进，从那些视频画风中，我看见了构图、情绪、意识，这是每一代年轻人某种个人意识觉醒的时候。

1996年2月29日，翻到一幅《在城隍庙》的照片。只见上面白茫茫的天，灰蒙蒙的树林，穹形桥下的运河流着白晃晃的水，宝塔式屋顶的房子也是灰不溜秋的。我想，准是耀眼的阳光导致这幅作品拍摄失败。

我不确定上面的文字是否我写的，还是摘录的，语句通顺，层次清晰。

1993年4月29日，相机后面的人与前面的人，其实是一种权力关系的体现。西方人拍一些弱文化地区，香港摄影人也拍一些弱文化地区，体现在拍摄内地及其风俗对象，而不去拍西方人，即便拍，也是拍西方的美女（猎奇猎艳）。中国内地摄影人，拍自己和少数民族，不拍西方人和香港人，也就是那些经济强大的国家和地区的人。我们为什么不尝试去拍西方这一领域？

这段文字像是我写的，口语化倾向明显，可能是在看了某本香港摄影杂志后有感而发。

1993年5月31日，经过黄浦江上的摆渡口（杨复线）时，看到两边如果品批发市场，有种触感，能否拍一组像陆元敏的《苏州河》系列那样的照片，取名《浦江两岸》？

对于我，这一天值得铭记。我之前跟朋友讲过，我曾经起心动念要拍摄黄浦江两岸，后来放弃，十分可惜。原因是拍摄前夕，我找到沪上一位摄影老法师，将此计划和盘托出，本以为会得到鼓励肯定的答案，结果竟被否定。否定的理由是"小许，侬要拍摄身边顶顶熟悉的么子（东西）。"那年我24岁，刚刚摸清爽相机的正确曝光组合参数，太嫩了。要是我当时拍了，我就拥有黄浦江了。哈哈，得之我运，失之我命。

1994年7月，淞沪铁路。

《浦江两岸》拍摄计划被否定，后来决定去拍摄《淞沪铁路》，历时三年，这次是自己做主，谁也没有去问。淞沪铁路是中国第一条铁路，它横卧在那里并遭遗弃几乎与大地长在一起，某些地段的铁轨甚至会消失一下，然后又在不远处继续往前延伸。居住于此的人们将房屋地基扩展到铁轨边沿以扩充自家的居住面积：轨道被蚕食，本该具备的铁路运输功能完全丧失殆尽。

我记得有一次拍摄过程中胶片断在相机里，与一位居住在铁路沿线老人商量是否可以借用她家里的被子当作暗袋取出断片。十分唐突，结果老人家一口答应带我进入她的房间，嘿，灯一关，门一掩，真是一间好暗房。她问我是不是来搞测量，是不是要拆迁了？讲真，当时我也不知道。2000年12月26日，上海轨道交通3号线，也称明珠三号线在淞沪铁路原址上腾空而起。

那时候每个周末我会沿着铁轨，从北站一路拍至城市北面何家湾地区。拍摄完这个专题，我算是喜欢上街头摄影这种创作方式。唯一觉得对不住的，是我竟然拿中国这条如此重要的百年铁路来练手，暴殄天物。

1992年6月15日，作品审美的模糊性无疑增加了作品的审美弹性与艺术魅力，但需恰到好处地把握。

除了纪实摄影，我在90年代中期窥见此前一二十年具有实验性的国内"先锋摄影"，这股摄影新潮是对流行了近半个世纪的政治图解式摄影范式的反叛，这一时期的思想启蒙和经济变革为先锋艺术提供了基础。摄影语焉不详、意识流、画面带有诗意，这是受到同时期来自文学、美术、音乐等影响。这种对"现代主义"摄影形式的探索在全国多个省市形成了燎原之势，在民间成立多个摄影组织，他们以独特的个人视角拍摄都市题材，作品中充满了对摄影视觉语言的探索和实践。如果不是城市革命性地发生剧变，我后来的摄影也不会越拍越写实。写实，是真切的感受与观照，也是自然的选择。

上述"先锋摄影"的信息获取来自深圳的《现代摄影》和浙江《摄影》《中国摄影报》《人民摄影报》《国际摄影》等出版物。

1992年9月6日，夜上海。

为什么写"夜上海"？1992年的我根本就未展开"夜上海"的拍摄，直到世纪之交的千禧年前夜，才开始涉足。那时，全城狂欢，淮海中路Rojam酒吧里中国男孩勇敢上台与英国女郎飙舞的画面，男孩的自信不来自任何鼓噪，快乐悦动没有什么理由。我还记得当时拍下我的女同事和另外一姑娘亲如闺蜜的合影，事后我问同事，"你身边那位姑娘是谁，举止那么亲昵？"她眼神迷茫地望着我，"我也不认识，就是邻桌的一位女孩子。"这张照片至今还在。千禧之年，经济上行，人心振奋，社会和谐，无人躺平，普通人的机会被现实一次次证明，努力真的有回报。

1993年6月2日，选择做自己，永远追求极致。

这句话几乎是对现在的我的一个嘲笑：在现实面前，节节败退。

图片故事

Picture Stories

1994年夏日的东方明珠电视塔
1994年8月
东方明珠电视塔，黄浦

从照片上看，1994年夏，东方明珠电视塔伫立在大片低矮的房屋当中，确切地说，电视塔的三只"撑脚"像是生在"屋顶"上，这座屋顶就是十六铺客运码头。

一眼望过去，一层一层，密密麻麻，叠叠嶂嶂，高度拥挤。在长镜头的挤压之下，这座城市一直深藏的秘密好像突然大白于天下，惊愕之余，不免细察究竟。一切都暴露在阳光下，坦坦荡荡，即便阴影里也清清白白：二层楼的木板厢房、棚户简屋、石库门、老公寓、花园洋房、六层楼公房、十六铺码头、商品房、玻璃幕墙大楼……

至当年11月，电视塔开始向外发射信号，这座城市很多人家不再使用易拉罐做的电视机信号接收架。朋友问我，你在哪个位置上拍这张照片？我茫然地望着照片，恍如梦一场。

上海浦江开发第一爆："魔都"归来
2002 年 1 月
黄浦江畔，浦东

"明天黄浦江畔要爆破一幢大楼，闻讯赶至。"隔江远眺，静候其变。沉闷一声（竟然不是期待中的一声巨响），尘土从建筑物的底部飞溅出来，渐渐笼罩整幢大楼，甚至吞噬了整个黄浦江。根据当时的媒体报道，2002年2月1日沪上著名的"浦江两岸开发第一爆"，被爆破的是上海港东昌公司杨家渡地块一栋 $12000m^2$ 的仓库，过去主要从事百杂货的堆存和仓储。这一片原来都是老码头、旧厂房、破仓库，尘土散尽后，这一带将变身为申城最昂贵、最豪华、最新潮的住宅区、商务楼、景观带。这一爆也彰显了千禧年后上海的雄心，一份坚定乐观的勇气和不容置疑的决心弥散在尘土中，飞扬开来——"魔都"归来。

1923年，日本文人村松梢风乘坐"长崎丸"来到上海，寻找新的写作灵感，他感受了上海的繁华街区、娱乐场所，参观了中国的新式教育机构，惊讶于远东大都市上海包罗万象的特质，他使用了直观、生动的文字来描绘自己在上海的见闻，第一次对上海使用了"魔都"这一称谓。魔都的魔幻也是从对岸陆家嘴天际线延伸出来的。

英国洋房
1996 年 8 月
四川北路，虹口

这是一张"废墟"意向强烈的照片，我得为自己辩白一下，废墟是这座城市"过渡年代"形成的独特风景。过渡年代的风景指的是当前的城市景象被人为的力量迅速地改变，这一景观是短暂的、易变的、具有一定的奇观性。废墟尽头是繁华，繁华背后是曾经的沧海桑田。废墟聚集起来的力量可视为破坏性的，但同时也是建设性的。废墟摧毁了曾经的不堪，废墟也埋葬了曾经的辉煌，新的辉煌在废墟上拔地而起，新的废墟也开始积蓄能量，蠢蠢欲动，这是城市的幻灭，也是城市的新生，一轮又一轮，没有什么"永垂不朽"。

上海，在 20 世纪 90 年代之前的相当长的一段时间内，城市的市政发展是停滞的，地下管线甚至使用的是 100 年前排布的。这是上海市政工程管理局老局长侯仁民对我说："欠债太多"，这可能导致没有足够的经费发展市政设施。同样在建筑上体现为房子不够住。因此，人类不断向空中要面积，往地下要空间，不得不拆除掉一些低矮的建筑——优质地段的石库门往往"首当其冲"，比如麦丰里差一点成为废墟。

麦丰里建于 1911 年至 1935 年，属于英式联排新式里弄建筑，弄堂整洁，砖木结构假三层，坐北朝南。立面为连续券柱式构图，多种券式混合使用，壁柱上有简化柱头，中置券心石。一层下部为桃红色粉刷墙面，二层裸露砖墙面。坡顶，开老虎窗，檐口做层叠式处理。建筑北侧又是普通中式建筑式样，有灶披间、亭子间和晒台。

麦丰里共有三座照片中这样的住宅建筑，1996 年，也就是在我拍照的那一年，电信局选中这个位置沿街建造高层，导致其东首两座建筑小部分被拆。

2017 年 8 月，我的一位朋友容先生看见这张照片，惊叹欣喜，当场向我展示其手机中这幢建筑里的昔日生活，那是属于他和弄堂小伙伴的青春：穿着条纹海魂衫，戴着红领巾，意气风发又张狂嬉戏。"很幸运，弄堂里有两幢相同的建筑，它们在最后一刻被保留了下来。"他说。

差不多从这张照片开始，我将城市"废墟"作为过渡年代的风景来眺望，横平竖直，控制透视，平心静气，减小震动，按下快门。

天山路民居阳台一间房间的最后样子
2002 年 9 月
天山路，长宁

这间房，连同附近整排整排的 3–6 层天山新村（工人新村），甚至天山路两边的建筑即将被拆除。此时，弄堂里寂静一片，楼道里无一杂物，室内也空无一物，就像它最初的模样。此刻，房子的主人走了，房间依旧迎接清晨的第一缕阳光，没有窗户的阳台，让它更加自由地呼吸，风呼啸而过，又折转回来，似乎在等待，似乎在告别。最终，房间等来了摄影师，让照相机给它留下生命最后的样子。

上海电影发展总公司电影放映间
2001 年 9 月
天钥桥路，徐汇

废墟之中不仅仅是瓦砾碎石，还有大量信息隐匿其中。动迁之地，居民楼里一般堆放着日常生活用品，办公楼里多为文件资料，这些墙上的"方框框"是啥故事？很快，我意识到，这是放映电影的洞洞。环顾四周，房间不大，一张沙发落在墙角，不晓得谁曾坐在上面观看内部电影，抑或电影审查？

这栋电影厂的大楼已成废墟，楼梯铁扶手被生生轧断。胶片、工作证、排片计划表、集团招牌散落各处，蒙上尘土，每一件弃物都能勾起一个念想，成为一个思绪的出口。这张照片拍摄于 2001 年，那年中国电影业是好是坏我不晓得，我得端稳相机，赶紧把眼前这张"照片"拍得像照片。

窗台上的衣裳
2001年1月
东安路，徐汇

这又是一张"废墟"照片。人走，茶凉。动迁搬家总是一副急吼吼的样子，我也不晓得为什么要跑去那里拍摄——东安三村，居然还有"人"等着我——一件被主人遗忘，也可能是遗弃的衣裳挂在阳台上，它呈现出"人"的模样，不肯离去。

从摄影的角度看，此时拍摄"废墟"是最好的时间。首先，废墟之地还未交付到工程建设方，甚至还有个别住家尚未搬离，使得人员可相对自由进出；其次，在废墟还未完全成为废墟之前，它已经具备了废墟的外形和特质，人迹罕至，破败显露。房屋确实倒下一批，未倒下的规整依旧，甚至门窗玻璃安好，一副坚定的模样。两种状态形成了反差。

是的，在废墟还没有成为废墟之前，人是来不及伤感的。看见窗外这件衣裳，我承认，过了很多年，我还是有点伤感，它让我想起自己的家，也遭拆除，连一张相片都不曾留下。新建的高楼早已覆盖我家的房子，很多年过去，我始终绕着"家门"走。

这是一张与上海嘉定区 F1 赛车场有关的照片,也是我专题"废墟——过渡年代的风景"中的一张照片。F1 赛车场项目投资约 20 亿元人民币,2002 年 10 月动工,2004 年 6 月竣工,总面积 5.3km^2,可容纳 20 万人。2004 年 9 月 26 日举办 F1 中国站首个大奖赛,上海赛车赛事与世界接轨。

上海 F1 赛车场的前身
2002 年 12 月
安亭,嘉定

谁画的"老鼠"
2002年10月
长宁路,长宁

这是一个悬念,至今未解,谁干的?为什么要在废墟上画上这些"老鼠"?是房子拆除后绘制的,还是原本就绘制其中?是一次恶作剧,还是一幕戏剧?是一次缅怀,还是一次埋葬?

20 年前，一群工人手持气球等待放飞……
气球在人们的脚下投下巨大的圆形影子。
20 年后，一群网红排队打卡拍照。
打卡的照片四周布满气泡。

放飞气球
2003 年
东大名路 - 北外滩，虹口

坦白说，拍摄这张照片的时候，我仅仅被照片中的人物关系、情绪、状态、气氛所吸引。也许我第一眼是被戴着礼帽的男子吸引，他的形象是四人中最强的，也许是就被四人都身着黑衣吸引，以及他们之间的位置关系。

2002年，在清晨空旷的街头——金陵中路龙门路一带，非常难得的安宁一刻，人物行动迟缓，神情松弛，人与物均被一种气氛所笼罩。如果一定要说什么氛围，也许是清晨的光沐，也许是周边熟悉的街巷夷为平地之后由惊愕带来的凝滞。

清晨
2002年11月
金陵中路龙门路，黄浦

南京路三姨奶奶的家
1993 年 4 月
芝罘路，黄浦

照片拍摄的地方是芝罘路六合路一带，在南京路第一百货商店的后面。如果我当时没有记录下拍摄时间是 1993 年，确实很难相信，一座城变化那么大。

建于 1916 年的长宁火车站
1994 年 2 月
长宁路，长宁

这是一张非常普通的照片，如果一定要说的话，那就是人物后面的"长宁站"—— 一幢漂亮的建筑。长宁火车站原址位于长宁路与凯旋路交汇处，现是上海地铁 3 号线和 4 号线的中山公园站站房处。长宁火车站建于 1916 年，1997 年遭拆除。可惜，没来得及好好看上一眼。

气场
1998 年 4 月
龙华路，徐汇

如果我们相信世间存在"气场"的话，这张照片或许是一个证明。

一幢民国建筑物，与周边现代建筑格格不入，这使得途经此处的人神情多少有点异样。建筑与人一样，有独立的秉性、气质，这自然源于建筑物是由人类创造出来的，同样，在日后聚集起建筑使用功能性之外的能量场，也就是气场。这里，便是龙华监狱，屠杀过民族英雄革命志士，也惩处过叛徒恶匪，缉拿过英美士兵和国际进步人士，也关押过日本兵。其建于 1913 年，坐落在上海西南地区。

摄影，牵引想象
1998 年 10 月
凤阳路，黄浦

这张照片会让你想到什么？街道如舞台，人生似戏剧，每天上演各种版本的故事，演不尽、道不明。偶尔生活也向我们展露真相，其实这样说也不尽然，生活从来就毫不吝惜，一直向我们展现它真相的一面，可是绝大多数的时候，人们忙于生计、疲于奔波、惴惴不安、如履薄冰，逐渐丧失敏觉，接收不到这种非常的一刻，电光石火的一刻。

摄影的本质是记录，当然，摄影也可以"背叛"它的本质。如果说将摄影看作艺术的话，是可以向这个背叛的方向发展下去，走向心性，祈福灵光的降临，截取生活中一个个"灵韵"的切片。相对来说，摄影之于后者更为刺激，也更具挑战。这样的摄影，让我想到刚刚去世的台湾摄影家张照堂。张照堂说："摄影，是一段走路的过程，一个观看的角度，一种说话的样态，一些思绪的告白。它要在游移中摸索向前，以时间换取空间，随时等候即兴与意外，或即或离，直觉地出击，并留白。"他还说："摄影，就是要体现光影，散发真情，独具见地，牵引想象。"

再说气场
1999 年 2 月
外滩，黄浦

这是一群等候公交车的乘客，他们聚集在 42 路外滩终点站，久盼车不来，急迫中人群甚至涌到马路当中。乘车难与当时社会交通工具不发达，以及城市未能形成立体交通网络有关。但是很明显，照片并不试图与上述交通状况发生连接。照片想说什么？等候时，人们急迫心情所凝聚起来的气场，这是我强烈感受到的。实际上，这也是记录性摄影、纪实摄影与新摄影的区别所在，但是我并不理会那些，大多数情况下，摄影师依着自己的直觉判断，并立刻做出是否出击的决定，同时争取全身而退。

被生活踹了一脚
2001年8月
西藏南路，黄浦

当我刚刚将镜头对准老妇人，等待她进门，或者有人从门里出来，不料，她竟然抬起腿踹向大门。生活，真是太意外了。

这一瞬间拍摄自西藏南路沿马路的一条石库门弄堂。老人居住的房子——淮海桃源，坐落在淮海路西藏路口，多层现房，1999年市场单价为5280元/m^2，总价33万元起。今天的淮海桃源二手房单价已跃过10万元/m^2。

拍下老妇人用脚而非手推开石库门的画面，我期望观众能看见属于她的决定性的一刻，以及由此带来的对平庸生活的不满，或者她送上的特别的惊喜方式。因这种不满或惊喜没有下文交代，使得画面留下一个悬念。

摄影当然是记录，去叙事，摄影也可以截断叙事，走向含混、不确定性，适当的留白，邀请观者参与进来。

积水
2000 年 8 月
淮海中路，黄浦

"水灾"照片拍摄于 1998 年至 2000 年的上海市中心商业街淮海中路，这是其中的一张。那时，该路段处在夏季台风、暴雨季，汪洋一片，行人涉水过街，车辆行驶缓慢，甚至熄火抛锚。道路两边地势较低的商家住户紧急排涝，令该区域一度险象环生，民怨沸腾。

某次，镜头中我惊讶地发现酷似鲁迅孙子周令飞的爷叔"水深火热"地朝我走来，闷声不响，一路抽着香烟。

1999年2月19日,平常的一天。那一年我刚做了摄影记者,想着这天是邓小平逝世两周年的日子(1997年2月19日逝世),于是跑去乍浦路桥拍下这一瞬间。

发展是硬道理
1999年2月
苏州河乍浦路桥,黄浦

1996 年 7 月盛夏，卖茶水的老妇人守在苏州河桥上，如若骑车上桥的人驻足歇息喝杯凉茶，她便能挣点小钱。

这儿可真是一块风水宝地，如今这里是沪上打卡的热门场所。在桥面上，远处上海"四件套"可尽收眼底。

卖茶水的妇人
1996 年 7 月
苏州河乍浦路桥，虹口

墨镜
1993 年 7 月
南京东路西藏中路 - 人行天桥，黄浦

墨镜除了遮挡阳光，恐怕也给佩戴人带来一份安全感。镜片受偏正光的作用，光线经过镜片抵达视网膜变得柔和，笼上一层色罩。墨镜的黑不那么浓，望出去的白多了一些灰，调和了黑白二极。

20 世纪 80 年代的"蛤蟆镜"一经问世，成为一种风尚，甚至被看作一种文化现象。及至 20 世纪 90 年代，夏日佩戴墨镜的人依旧不少，墨镜的功能逐渐走向实用性——遮阳作用。有意思的是，2020 年及之后的一场疫情，佩戴口罩从遮挡病毒的功能转向掩饰身份的作用，成为社交媒体中不言的暗语。如果说，20 世纪八九十年代墨镜带来的是时尚冷酷气息，今天墨镜加口罩则渗透出薄情冷漠的质感。

烟纸店
1993 年 11 月
天宝路，虹口

从拿起海鸥单反相机那一刻，我想将照片拍得像一张"照片"。这句话好像有毛病，其实我想表达的意思是，照片有时候并不容易拍好，有时候又信手拈来。这张照片是我刚刚学会用光圈和快门的曝光组合，用力拍下来的结果，尤其是老人抬头望过来的一瞬间，眼镜片受天光反射，形成的光亮。有啥意思吗？有，也没有，就是一个游戏，留住观者多看一眼。

如果这张照片是彩色的，毫无疑问，色彩蜕变带来的效果将更快地使观者被拉入怀旧地带。黑白照片终究也摆脱不了时间的拉扯，滑向记忆的尽头。我的小学同学张凤英见到这张照片，立即勾起她印象中"老阿婆凶得来"的模样。我的记忆则完全与她相反。

这是上海典型的烟纸店，老人一口山东话，驼背小脚，常见她与女儿一道每日轮换看店，赚取蝇头小利，是生意，也是生活。烟纸店是小孩子最喜欢光顾的地方，不买也站在那里张望。小时候上学经常路过那里，见到她们时而勤奋，时而懒散，经营了 60 多年，终于在 2009 年这一带动迁时，才彻底歇业。

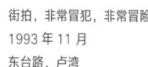

街拍,非常冒犯,非常冒险
1993 年 11 月
东台路,卢湾

这张照片拍摄于东台路花鸟市场,照片中的美女对相机的反应明显比边上老年人敏感。这张也是让上海摄影家陆元敏记忆深刻的照片。那天,我和陆老师同时按下快门,惊扰了取景器中这位年轻貌美的女子,人家起身上来捉牢他,要求删掉照片,板着面孔,没一丝可商量余地。

更早的时候,上海滩一波觉悟得早的摄影师声称:有本事不要将镜头对着老人和孩子身上,摄影要想有挑战,得将镜头对准年轻人,迎着太阳拍。这些话讲讲容易,做起来难。街拍,非常冒犯,非常冒险。

上海女人
1993 年 11 月
四川中路，虹口

这张照片清楚地显示出中国保定生产的乐凯黑白胶片优秀的一面，如果在阳光充足的顺光下拍摄，底片通透，层次鲜明，当然前提是底片冲洗得当。虽然反差大了一些，那也是我期望的效果。整个 20 世纪 90 年代，几乎我所有拍摄的胶片来自乐凯牌黑白胶片。

照片中，老妇人端坐在门后，接受来自南面阳光的关照。她望着眼前突然出现的年轻摄影师，既不迎合也不抗拒，平静地观望，或者说对视。多年后我再望向她，觉得恐怕这是一位见过世面的老人，上海滩的传奇往往就在石库门弄堂、老式公寓房里，她们随着时代沉浮，风光时，不张扬，低落时，也不屈。她们多眼界广、心气高、高不攀、低不就，识相，也懂分寸。这当中，极少部分的上海女人收到了民国遗风的密钥，一代代将这一基因传了下去。我确定，我母亲接收到一半，我姐和她那些同学啥也没有接收到。

曾经的样子
1994 年 10 月
惠民路，虹口

照片中，这对夫妻欣然邀请我这个陌生人进入他们的家中，并接受给他们拍照的请求。这或许是他们在这里生活多年后的最后一次拍照。他们说，很快这栋花园洋房将被夷为平地。更早时候，家门口空地已被掘出一个十平米左右的大坑，里面积满了水。当天临走前，我在大门口给他们拍了一张全家福，连同那只水坑一起收进画面。拍摄的时间遥远，记忆模糊，我不记得是否将照片洗印出来送给他们，如果没有，希望你们此刻能看到曾经的自己，以及家的样子。

少年的样子
1993 年 11 月
辽宁路,虹口

这是一张没有故事的照片,就是迎面而来擦肩而过的一瞬,我要做的就是控制好自己,控制好相机,抓住它。小朋友总是充满好奇心,尤其是一个群体面对孤身一人的摄影师,此刻他们的胆子明显放大,做出一些表演的甚至挑衅的姿态,这是少年的样子。有意思的是,这张照片中的场景在 30 年后已然发生物理性的改变,但是其中的气息尚存。我能感觉到。曾经的少年长大,顺着河水去往远方。气息尚存,辽宁路、上海音像公司,沙泾港,一条通往黄浦江的河流。

流浪少年
1999年2月
宝山路，虹口

至少，1999年时挎着相机在街上溜达拍照的家伙，肯定不叫扫街，或者街拍。叫什么？逛马路，或者瞎兜兜。这是上海方言的表述。确实，使用普通话来表达会更为精准，"街拍"，形象生动。这张照片是我在拍专题"淞沪铁路"的时候偶遇他们。

照片中李军利、聂秋荣、成威龙三个少年分别来自湖南和江西。他们告诉我，1998年年初，他们在湖南衡阳火车站相识，结伴扒火车一路风餐露宿来到上海。在火车站短暂停留之后，开始了他们在城市漫无目的的流浪生涯。三人曾蜗居在轨道三号线宝山路段的高架水泥墩旁一间自行搭建的小屋内，昼伏夜出。一个月后小屋被拆，三人从此不知去向。

在我接触到他们的时候，三人分别有2至4年的流浪经历。他们或因父母不和，或贫穷困顿选择出走撞撞运气——挣钱。挣钱干什么？他们说，"太穷，要改命。"

罗曼蒂克消亡了，还有不死的欲望在路上

采访并文 / 黄芳

也许是 1990，也许是 1991 年的夏天，因为迟到，许海峰不得不躲在摄影函授班的最后一排，靠着墙壁听台上老师讲课。老师抑扬顿挫的声调，不断挥舞的手臂，穿过大礼堂击打在后排青年的心上——就像受了"严重的内伤"。

许海峰回忆，这是他与摄影缘分的开端，也是摄影对他的召唤。那位老师叫朱钟华，如今桃李满天下。

30 多年后，2022 年夏末秋初，我在上海 M50 创意园区观看了一场题为"世纪之交的上海表情"的摄影展。展览虽设在二层一个曲径通幽的区域，却是访客如云。一些用沪语轻声交谈的人，会对照片里熟悉的地标、不复存在的场景，会心一笑。

作为外地人的我，并不共享那个记忆，却无法不被照片上那些处于情绪顶点的人所吸引。那些飞扬、落寞、精明、颓丧、狂浪、迷惘的神态，都是对 20 世纪 90 年代的注解。而我何尝不是从那个年代走过。

许海峰说，那是他的黄金时代。20 岁出头，肆无忌惮地谈恋爱，肆无忌惮地拍照，做着喜欢的工作，房价不高，工资可观。

所有人好像都是开心的，他也是。但奇怪的是，照片如今看起来，为什么有一种伤感的东西？他反问。

也许狂欢和伤感就是一体两面。

30年来,相机是他最忠实的伙伴。从街头摄影,到新闻摄影,再回归,"有时候甜蜜,有时候苦闷,就像是与一个女人有着一段至深的感情"。

罗曼蒂克也许消亡了,但还有不死的欲望在路上。

许海峰说,他还要去拍三峡。8年前,他曾经去过,租一辆摩托沿江骑行。雾气沉沉,他看见一位少女,张开手臂站在江边,露出浓重的腋毛,生命旺盛,坦荡无畏。

今天是记者节,这是一位新闻业的后辈与前辈的对话。关于时代,关于职业,关于创作,也关乎如何自处。

黄　芳 以下简称黄
许海峰 以下简称许

黄： 先从这次展览的主题"世纪之交"聊起。像我不是上海人，小时候对上海的印象主要来自影视作品，印象比较深的是一部电影《股疯》，讲 20 世纪 90 年代初全民炒股的景象，后来又看到纪录片《大动迁》，其中的不少场景在你这次的展览中能看到。回想起来，感觉 90 年代的上海是躁动的，城市和人心都在发生巨大的变化。

许： 就像你说的很躁动，看不见的改变，就是我的房子要拆了，我要搬到哪里去了，这种激动人心带来的对未来不确定的期待，纠结在一起，形成了一种撕扯，这种撕扯带来张力。这是在那个年代可以感受到的。两种甚至多种力量搅和在一起，变成一种复杂性：人的复杂，城市的复杂，这才是生活中的好东西。

在拍的时候我能够清晰地感受到，走在路上，上海就像是工地一样：先是南北高架，然后周家嘴路，接着延安路高架，包括人民广场巨大的改变，这些都是我每天上班要穿过的地方。

因为交通受到建设的影响，公交车往往许久不来，你看我拍的几张照片里，有人在公交车站等，头颈伸得很长，车还是不来——你能感受到人在环境中那种无可奈何，或者也可以解读为一种希望的象征。

黄： 那时候你才 20 岁出头吧？你从小在上海长大，90 年代的上海对你来说是不是也有点"陌生"？

许： 对。"陌生"是因为当时还没有踏入社会，我的活动半径很小，就在虹口的家附近，最多可能到提篮桥、海宁路、乍浦路那片，基本上是非常小的一个圈，可能就在方圆四五公里内，到了外滩就不会再过去了。

踏入社会后，骑自行车上班必须要经过这些地方。再到后面，我的工作性质发生了变化，我也越走越远，随着这个城市的扩张，就自然产生了陌生感。那是我 20 岁之前没有看到的，上海竟是这样的。

黄： 也是一个重新的认识。

许： 最早是我 10 岁左右，我跟我妈去南京路六合路那边，我一个亲戚住在那里，我们坐电车过去玩，晚上在那边吃饭。那是六合路一个比较暗的弄堂，但是从弄堂里转出来走到南京路,我感到巨大的震撼,那真是"十里洋场"。

黄:那是什么样的景象?

许:电影里的那种景象。

小时候我们家附近最多有个路灯,到了国庆节可能某个工厂会挂上一连排的白炽灯。但是你到了南京路不是这样的——它不是像国庆节装点的那种很正直的灯光,你觉得什么都是软的,什么都是迷人的,真的连风也是香的。也许白天感受不强烈,但是晚上,那个灯光……

黄:让人眩晕的感觉,像霓虹灯。

许:霓虹灯是最要命的东西。不像白炽灯的光是有规则的。霓虹灯会泛光,如果再加上一点水汽,那种光是非常迷人的。对于 10 来岁的我来说,那可能第一次对上海有个新认识。原来上海还有这个面相。

黄:对你说的这点我特别有感触,可能外地人对上海的认识路径恰恰是相反的,先从十里洋场再到其他面相,虹镇老街、曹杨新村里的上海,作为江南部分的上海等。

许:上海太大了,太复杂了。所以说要通过一个摄影展来表现上海,可能这种野心很快就会破灭。

它也是随着时代的发展不断在变化,每个人都只能记录他/她的时代,如果能稍微超越一点,我觉得就很难得,那多一点的东西是什么,可能就是人心了。

比如我们说上只角、下只角,就是两个上海,而上只角、下只角可能又分化出许多上海,电影《爱情神话》说的是上只角的爱情,但是下只角的人看了之后,不认为这是上海,但也不抗拒,这是上海。我记得 80 年代有个电视剧《穷街》,风靡上海滩,拍的杨浦区的一个类似棚户区的地方,就是下只角的故事。

那还有上海的"六层楼",典型的工人阶层的住宅区,也是一种上海。就不说比如花园洋房、石库门、新式里弄,都非常不一样。像武康大楼现在成为网红建筑,但其实距离我们的生活很远,不知道为什么这么多人喜欢,大概就是因为太远了,够不着才要喜欢。

而愚园路,解放前称之为"上海歹土"的地方,是我们今天努力一下,可以够得到的生活,如果你够勤奋、运气够好的话,有可能在这里买房子,租也可以。

黄:感觉你的展览里,集中展现的是上海的市民生活,拍的也大多是普通人。

许:当时可能也没想好要去拍那么多人。我最早的初衷,或者说想得比较清晰的是要拍废墟。

黄:跟你在上海市政工程研究所的第一份工作有关吗?

许:市政工程研究所不需要拍这么多废墟,它只要拍建成的就可以了。但是我在这个过程中就拍了许多,然后再派生出来,拍了一些没有受到动迁影响的居民,他们的生活是怎么样的。

比如在工厂里修理自行车、摩托车的人,或者喂孩子吃饭的人,还有就是生活受到剧烈影响的人。你说对人感兴趣讲起来也是,就是有没有胆子上街拍人?

黄:镜头是有侵略性。

许:我当时就想说你已经喜欢了这个东西,然后就试试看,尝试着上街去拍人。

上街拍人是摄影的一个方向,另外在拍人的过程中,可以训练提高自己的技能。摄影的技能要靠训练才能出来的,一个是机器,一个就是肉身和外围世界在瞬间的碰撞。

摄影就像一口深井一样,它不断地去诱惑你,你也不知道对方下一秒会做出什么动作。肉身不敏感的话,就没办法把那个瞬间抓住。

黄:什么样的瞬间会让你产生按快门的冲动?

许:回过头来看,我以前拍照片好像也确实是对人那一瞬间的情绪状态特别敏感。我想，拍摄的时候，每一个摄影师都不会想去赋予他什么意义，那一刻是有一种难以描述的气氛，就像每一幅优秀的画作，里面都有一种气场，这个气场不只是用眼睛看的，是你感受到的。你觉得是对的，那就赶紧拍下来。如果他的眼神是不对的，气场就破掉了。

当时有价值观吗？我不清晰，也许只是一个朦胧的想法，抓住那个情绪高涨的时刻，所有照片都这么想，自然就会有饱满的东西。

你说要赋予他什么意义，包括时代的意义，那是后面的解读。我拍的时候只是想把照片拍好，拍是我的兴趣爱好，把它拍好是我能力的体现。

然后我拍的时候，我想可能有快乐，也有愤怒，或有沮丧，这些情绪都会在。

黄：你的照片里是不是也有一种不安在。

许：我是觉得有一种不乐观的东西在，某种程度是很悲观的，其实跟我的家庭有关系。

我父亲过世太早了，家庭一下子坍塌带来了阴影。我记得，父亲当时突然要离开家去医院，他拿着热水瓶走在路上，阳光打下来映出一块巨大的阴影。这对我的个性和成长有很大的影响。这个很不好，或者也是很好，我不知道。

黄：也许某种程度上会激发艺术创作。

许：无论是对个人，还是对于其他很多事情，我都并不很乐观。这种不乐观我一直知道自己是有的。像你说我如此喜好去拍废墟——那个年代没有人会把创作主题定为城市废墟，很多人都去拍赣南、坝上风光之类的，我就不太喜欢那个东西。

我天生好像就喜欢废墟。但是职业加强了这个东西，让我可以不走弯路，直奔主题。

黄：废墟是你想表现上海的一面？

许：是。我原来的标题叫过渡年代的风景。后来策展人顾铮老师把名字改了，叫作"废墟的美学"。然后这一次展览的策展人施瀚涛老师新增加了很多街头上人的活动，又改了标题叫"世纪之交的上海表情"。

其实这几个都挺好的。过渡年代的风景，不记得是看王安忆还是王小鹰的一篇文章，里面有一段文字就是讲废墟。

那部小说我不记得名字了，时间有点久了。只记得她描述看到路上的拆迁房屋，那时应该是太阳落山了，光线很暗，但依稀能看到城市的废墟，破败之象。建筑的大楼黑黢黢，像是张开大嘴的野兽，好像是这样的情景。

黄：感觉照片里的不少人物有一种迷惘的情绪。

许：其实他们在那边合影拍照时也很快乐，但负面情绪我会可能接受得更快。比如有个女孩，她坐在延安路边上，身后拉着一个长长的黑影，如果她很快乐我就不拍了。至于你说的迷惘的东西，悲伤里面肯定有迷惘。

2000年，我现在还有一些印象：人的那种喜悦，就像你说的躁动，到了极点就是特别开心，对于未来的自信满满，什么都不顾及，什么都不担心，那种心情是能感受到的，包括我自己。

但是照片恰恰好像没有完全能体会到这些。这个很奇怪，我拍的时候，能真切地感受到他们很喜悦。为什么会这样子？

后来看我这次展览做的视频，也觉得有伤感在里面，可能音乐的关系，越看越伤感。

黄：你印象中那时候的自己是开心的吗？

许：2000年我的工作开始稳定，我喜欢的东西上了轨道，我更清晰地知道自己要什么，不要什么，可以自己作主、自己选择了。

因为1998年、1999年时我还在《上海青年报》实习，能不能留下来悬而未决。终于在2000年之前留下来了，很开心。后来不久我又买了房子。

黄：那时候房价也不高，又正是报业的黄金时代吧？

许: 那个时候是摄影的黄金时代,报业的黄金时代可能是2003年《东方早报》成立时差不多。

黄: 似乎那时候没什么烦恼,又在做自己喜欢做的事情。

许: 对,经济上也没什么负担,母亲的身体也很好。

我还记得,世纪之交的那一晚,好像所有的上海人都出来了。不仅仅是年轻人,很多年长的人也出来了。所有的商场、地铁、公共交通都是人头攒动。我和雍和老师两个人去了南京路、西藏中路、人民广场,晚上又去了徐家汇,几乎所有的商业街我们都跑了一遍,24小时没有停过,一直在拍。其实没有人要求我们这样,就算说是热爱摄影,大概也没有这么疯狂的。

黄: 被那种力量给驱使着。

许: 商业街里的那种繁华大概也助推了这种情绪。我记得雍和拍了一张照片,我现在想想还想笑。有一个人,半夜在路上拿个菜刀。干什么?买DVD送菜刀。那时候流行送东西,他就拿了一把菜刀站在路上。魔都魔幻的东西在千禧年就已经出现了。

黄: 狂欢的感觉。

许: 我在路上拍照,还碰到一些以前的朋友。在南京路上,我拍了一些她的照片。又拍了她抱着一个女孩子在酒吧,我后来问她那个女孩子是谁,她说是第一次认识的。你说怎么会这样子,第一次见面就像闺蜜一样亲密。大家就很开心,在世纪之交。然后我们第二天一大早,又去拍了新世纪的第一缕阳光。

黄: 大家都相信未来会更好。

许: 对未来毋庸置疑。

但为什么后来拍出来的照片不是那回事。是不是那种极度的狂欢后面有一些不易察觉的东西?我也不知道,我当时应该没有这种觉悟。

我想也可能，人在面临自己未来的一次选择。

黄： 也许这就是摄影的魅力之处，从那个定格往外延伸有巨大的空间。

许： 这个就跟新闻摄影不太一样——新闻摄影就是五要素，然后告诉你背景，限定了观众的想象空间，某种程度来讲新闻摄影比较八股，有种套路在里面。

这也是为什么我现在慢慢地把新闻摄影放一放，我觉得这个广义的摄影更宽阔。可能我摄影的第一口奶，就不是新闻摄影。后来嫁接新闻摄影——就是进《上海青年报》的时候，连续在拍，直到后来新媒体发生了改变，就拍得少了，又回归到最初的摄影中去了。

这样的摄影脱离故事本身，如果能做到成立的话，就要对于你的摄影对象倾注更多的观照，这种观照，是要接触很多其他的东西才能看到。

黄： 我理解大概是在日常生活中去发现不寻常的能力。有个电影史学者就说，80年代大多人都会喜欢黑泽明那样风格强烈的作品，但后来他领悟到像小津安二郎这样拍"太阳底下的人与事"更纯粹与不朽。

许： 他提炼得很准确。

黄： 其实很多的新闻写作也是聚焦一种反常，剧烈变动和变形的现场。但在新闻现场外，还有更广阔的生活，也有创作的可能。像在你三十多年的摄影创作中，关注的主题有一些变化吗？

许： 像之前风光摄影很流行的时候，我拍过一些，但很怀疑，反而更坚定了我要拍的东西。

那时候我的老师朱钟华跟我说，你不要跑那么远，要拍你自己最熟悉的东西，拍你的家人你的邻居，我觉得对。人这一生，可能需要一些机缘，需要一个人去撬动你潜在的天赋特质。

像我很巧，正好去了市政工程研究所，然后我的性格，包括我后来认识的这些老师，好像顺理成章地引领我走上了这条路。

黄： 回过头看，雍和这些前辈是怎样影响你的？

许：我觉得自己真是运气好，好到天上去了。那时候在市政工程研究所，陆元敏是我的同事，不过我进去的时候他已经离开了。他在 1998 年对摄影开始觉悟，随后就爆发了。他家住在市政工程研究所附近，仅二站路距离，你说不认识也说不过去。雍和老师则更近，步行 10 分钟便到了他高安路的家。

还有一个非常好的摄影师就是陈海汶，也是我们市政工程研究所的，后来也跳槽了，自己开公司。就是他介绍我去的新闻单位。他的公司在康平路上，也很近。

因为我要去青年报实习，只能在原单位办停薪留职。那时候我实习了 9 个月，还是不会拍新闻照片，虽然雍和说我会拍照很会冲洗印放照片，但就是不会弄新闻照片，就感觉自己很愚蠢、很痛苦，但是回去又很没面子。

就在那个当口，跟我一起实习的人，突然不辞而别，就没有人了，有些现场又让我去。我就这样又拖了一段时间。突然有一天，我好像就会拍了，我记得很清楚，这张新闻照片就是拍一个女士拿个大哥大手机。然后雍和看到这张照片和图片说明，就说："侬开窍了，会弄新闻了。"

我不知这是渐悟，还是顿悟。我很笨，做了 9 个月，如果现在恐怕没有实习单位会给你 9 个月时间。

黄：也许你的特质不见得在新闻摄影上。

许：我原来的东西可能太坚固了。但新闻的力量很强大，让你不得不去改变。

一旦我解惑了，打通了关节，就能把摄影和新闻摄影接拢在一起。也有一些地方接不拢，这样反而比新闻记者多一个角度。

黄：怎么会想到去媒体？

许：每天可以拍照片啊。不做媒体，让我去做科研，我也不懂，虽然我拿过一个很重要的科研奖，但对我来说没有什么用。不过可以分房加分，我放弃了。

黄：没想到这么纯粹的缘由。

许：拿相机可以拍东西，其实已经比别人多点机会。原来在市政工程研究院也可以拍点照片，但还是要做很多其他的事情，很烦的。

黄：有一些艺术家可能会有很强的在地意识，你会有这种意识吗？

许：如果有艺术家说完全没有这种意识，我觉得他说谎，你在这座城市里，所有的东西都不得不切入个人的爱恨或者其他情绪。如果说要跳脱这些的话，可能要我们的发展达到一个相当的高度，我们才可以跳脱时代。

相对来说，西方人会好一些，他们受的教育跟我们从小接触的东西不太一样。但最终我觉得还是能在他们的作品里看出他们和自身的关系，和时代的关系，只是强烈程度不同而已。

黄：你对摄影师桑德非常推崇，你觉得是他的哪些东西启发了你？

许：如果我们今天来拍10张照片来反映一个上海、一个中国，这是最难的，这是高度概括的东西，但是德国人奥古斯特·桑德能做到。

为什么中国人一听《黄河大合唱》、一听《义勇军进行曲》就激动，这里面有振奋的地方，同时也有巨大的悲怆。

从我现在职业新闻工作者的角度来说，我一直对自己说，我做的东西不是给上海人看的，也不是给江浙人看的，要做给东北人、海南人、不同文化背景的人看的，甚至如果能更跳脱一些，外国人也能看懂。我会心里装着一个中国，想把西方人纳入进来，这是我的一个小小的愿望。

黄：觉得你的创作好像有一条脉络，从90年代拍摄城市中的个体，到家庭相册，再到上海相册。

许：我一直在这里面打转。要说很强的逻辑我也没想过，但出于对摄影的喜好，一直跟这些相关。90年代除了对金钱的欲望，其实还有一个很大的主题，国企改革。

纺织厂的工人，突然被集体抛弃，然后有些人又上岗了，有些人"文革"前学一些手风琴乐器，然后那时候很多公司开张就需要这些人来捧场，活跃气氛，四五十岁了，到别人一个鞋店，美发店去吹吹打打，赚些小钱。看上去是振奋人心的，但这背后的一面是悲伤。

时代在每个人身上碾过的时候，留下的痕迹有的深一些，有的浅一些。我作为一个影像创作者，对视觉更敏感，看到了无可奈何，就只能把它拍下来，仅此而已。

黄：近些年，你在拍些什么？

许：我自己在拍的东西，比如石库门，南京路，还有淞沪铁路，其实选这些点也没有脉络。按照可以方便进入的角度去，因为有些想得好，但进不去也不行。我选的这些点都是敞开的，而且它跟城市有关，是我感兴趣的。

也是因为我曾经在市政工程研究院，后来又去搞了志书研究。

黄：疫情的时候怎么想到做"窗外"系列？

许：也是想办法做点东西。通过一种非新闻的方式来记录，我觉得应该采用市民摄影。我研究生的时候学到的就是"市民记者"，发动广大的人一起来拍，大家愿意参与表达，做得好不好是另外一回事情。

黄：觉得还是非常有意义的。看这次展览，还挺惊讶的，30多年前的照片你都保留着。

许：大概在结婚的时候，我扔了八大箱印出来的照片。一边扔一边心疼，但是家里放不下了。并且这些年辗转搬很多次家，2005—2007年的底片好像丢失了，好在底片倒是扫描过，虽然扫得不多。

黄：这些照片每一卷你都有记录吗？

许：我拍的每一张都有时间，月份年份都有。可能是市政工程研究院和后来的市政工程志编纂办公室给我的一个训练，写东西都要有依据。

我不单保存自己的，别人的扔的照片我也把它捡回来，清洗、扫描出来。黑白的照片我可能有8万多张，彩色的没算过，数码的就更多了。

黄：现在再看当年拍的照片什么感觉？特别是在比较年轻时候拍的。

许：我觉得那就是我们的时代，我的青春，我很强烈地感受到。那时候我正在听威猛乐队、孟庭苇、张学友、王杰的歌，慢慢长大成熟。

也可能是朦朦胧胧地，不知道怎么就过来了。我能够搞清楚的是你运气好不好，正好遇到了谁，他把某种电流通到你身上，然后你接续了他的能量，可以持续地发展下去——我说的这种能量就是我遇到的老师们。

如果可以的话，我想明年去拍三峡。

黄：好像不少艺术家都拍过三峡。

许：我真的是每年都想。不想视它是一个创作，就当作是一次旅行。这种状态可能是最能拍出来的。如果是工作也可以，就稍微要紧张一点。

长江三峡库区水位上升到 175m 这样的高度，它彻彻底底改变了居住于此居民原来的生活轨迹。作为记者或者摄影人，关注三峡地区的生活与生态，呈现了人在时代变迁里和环境共处的一瞬，无论好与坏。

中国有两条大江，一条长江，一条黄河，对于中国人来说，几乎就是民族性格的象征。拍好长江，也就是拍摄中国人。另外，我喜欢听他们讲话，甚至学习他们讲话时的语调——拖着长长音。川人男女老少总是一副对什么都满不在乎的样子，令我着迷，跟他们交流实在是一种有趣的过程，运气好甚至听见其中的睿智和幽默。他们给我的反馈，使我看见生活中的美好远远多于丑陋。

确实有很多优秀的摄影师，不管是国内的，还是国外的都拍过三峡，但是没关系，你许海峰去拍，是要去解决你的问题，不解决别人的问题。我解决的是我的快乐，我的不快乐。

图书在版编目（CIP）数据

世纪之交的上海表情 / 许海峰著. -- 上海：同济大学出版社, 2025. 3. -- ISBN 978-7-5765-1558-9

Ⅰ. K295.1-64

中国国家版本馆 CIP 数据核字第 2025CX4845 号

世纪之交的上海表情
Shanghai Expressions at the Turn of the Century

许海峰 著

出 版 人	金英伟
责任编辑	姜 黎
书籍设计	张 微
责任校对	徐逢乔
专题选图	陆元敏

版 次	2025 年 3 月第 1 版
印 次	2025 年 7 月第 2 次印刷
印 刷	上海安枫印务有限公司
开 本	889mm × 1194mm 1/32
印 张	8.625
字 数	207 000
书 号	ISBN 978-7-5765-1558-9
定 价	128.00 元
出版发行	同济大学出版社
地 址	上海市杨浦区四平路 1239 号
邮政编码	200092
网 址	http://www.tongjipress.com.cn
经 销	全国各地新华书店

本书若有印装质量问题，请向本社发行部调换。
版权所有 侵权必究